1666
ERLÖSUNG
DURCH SÜNDE

Robert Sepehr

Gedruckt in den Vereinigte Staaten von Amerika

Erste Auflage 2015

ISBN: 978-1-943494-03-3

Atlantean Gardens
5334 Lindley Ave #133
Encino, CA 91316

www.AtlanteanGardens.org

Inhaltsverzeichnis

Einführung

Die meisten Menschen haben von Jesus Christus gehört, der von den Christen als der Messias verehrt wird und der vor 2000 Jahren lebte. Aber nur sehr wenige haben jemals etwas von Sabbatai Zevi gehört, der sich selbst in 1666 als Messias erklärte. Indem er verkündete, Erlösung könne durch Sündentaten erhalten werden, versammelte er eine Gefolgschaft von über einer Million leidenschaftlicher Gläubiger, etwa die Hälfte der jüdischen Weltbevölkerung im 17. Jahrhundert.

Obwohl viele Rabbis der Zeit ihn als einen Ketzer betrachteten, erweiterte sich sein Ruhm weit und breit. Sabbatais Anhänger planten viele der rituellen Bräuche abzuschaffen, weil zufolge des Talmus heilige Verpflichtungen nicht mehr anzuwenden seien in der messianischen Zeit. Fastentage wurden zu Tagen des Wohllebens und der Freude. Sabbateaner förderten und praktizierten Promiskuität, Ehebruch, Inzest und religiöse Orgien.

Nach dem Tod von Sabbatai Zevi in 1676 setzte sein kabbalistischer Nachfolger Jacob Frank dessen okkulte Philosophie fort und erweiterte sie. Frankismus, eine religiöse Bewegung des 18. Und 19. Jahrhunderts, war zentralisiert auf seine Führung und seinen Anspruch, die Reinkarnation des Messias Sabbatai Zevi zu sein. Er, sowie Zevi, führte 'seltsame Handlungen' aus, die die religiösen Tabus verletzten, wie das Essen von Fetten, die nach dem jüdischen Speisegesetzt verboten sind, rituelle Opfer und die Förderung von Orgien und sexueller Unmoral. Er schlief oft mit seinen Anhängern, sowie mit seiner eigenen Tochter, während er predigte, daß der beste Weg Gott zu imitieren, sei, jede Grenze zu überschreiten, jedes Tabu zu übertreten und das Heilige mit dem Profanen zu vermischen. Professor Gershom Scholem von der Hebrew Universität in Jerusalem nannte Jacob Frank "eines der erschreckensten Erscheinungen in der gesamten jüdischen Geschichte". Jacob Frank würde eventuell eine Allianz mit Adam Weishaupt und Meyer Amshel Rothschild eingehen, genannt Order der Illuminati. Die Ziele dieser Organisation waren es, die Weltreligionen und Machtstrukturen zu untergraben in dem Bemühen, eine utopische Ära des globalen Kommunismus einzuleiten, die sie selbst verborgen regieren würden: die Neue Weltordnung.

Im Laufe der Jahrhunderte hat sich ihre Agenda, gemäß ihres Plans, abgespielt, indem sie sich geheime Gesellschaften, wie die Freimaurer, zunutze machten. Die Illuminati bekämpfen ihre Opposition durch eine fast vollständige Kontrolle über die Medien der Welt, wissenschaftliche Meinungsführer, Politiker und Finanziere. Immer noch nichts weiter als eine Theorie betrachtet von vielen, erwachen doch immer mehr Menschen jeden Tag auf zu der Möglichkeit, daß dies nicht nur eine Theorie ist, sondern eine erschreckende satanische Verschwörung.

Kapitel 1

Im Jahre 1666 erklärte sich ein außergewöhnlich charismatischer Rabbi und Kabalist namens Sabbatai Zevi (1626-1676) als der Messias. Er war in eine wohlhabende Familie in Westanatolien geboren und war ein besonders exzentrischer Mystiker. Während seiner Lebenszeit hatte er eine riesige Anhängerschaft von über einer Million, welche etwa die Hälfte der weltweiten jüdischen Bevölkerung im 17. Jahrhundert darstellte.

Seine außerordentliche Beliebtheit, laut den Historikern wie Professor Gershom Sholem, resultierte im Wesentlichen aus der Veröffentlichung und der Verfügbarkeit von dem was heutzutage Lurianische Kabbalah genannt wird. Benannt nach dem Rabbi Isaak Luria (1534 – 1572), genoß diese neue Kabbalah eine weite Verbreitung dank der Erfindung des Buchdrucks im vorangegangenem Jahrhundert. Zum ersten Mal hatten Juden in der ganzen Welt Zugang zur okkultenLiteratur, die die tiefere Bedeutung des Glaubens darlegte. Die Popularität der jüdischen Mystik nahm zu. Nach einer besonders harten Zeit der Verfolgung in der europäischen Geschichte gab diese proaktive kabbalistische Philosophie durch ein altes mystischen System den Juden einen Grund erregt und optimistisch zu sein.

Teil dieses Systems enthielt Möglichkeiten der Interpretation von

SABETHA SEBI
Vermeynden Meſſias Der Ioden

fol. 237

FIGURE 1

der "übernatürlichen" Beziehung zwischen Ereignissen und Zeit, dies oft durch Buchstaben und Zahlen dargestellt. Die 'magische' Bedeutung, die den numerologischen Werten der Daten gegeben wurde, trug wesentlich bei zu den weit verbreiteten Erwartungen und der Hoffnung auf das Kommen des Messias zum Zeitpunkt der Ankündigung des Sabbatai Zevi am 18. Tag (6+6+6) des 6. Monats des Jahres 1666. (1, 8)

Zevi war sehr charmant und strömte eine einladende Persönlichkeit aus wie es von denen, die ihn kannten, dokumentiert wurde. Laut einem Augenzeugen, Rabbi Leib ben Ozer:

"Sie müssen glauben, daß dies so ist wie es war. Ich sprach mit den Menschen die in seiner Nähe aßen und tranken und die keine Befürworter [Sabbatai Zevis] waren und sie sagten mir, daß es seinesgleichen keinen im Wuchs gab und daß der Anblick seines Gesichts dem eines Engels von Gott gleich gesehen habe. Und sie bestätigten daß, wenn er Sabbath Hymnen an Gott sang, welches er mehrmals täglich zu tun pflegte, es nicht möglich war in sein Gesicht zu schauen, denn für den, der es betrachtete, war es als blickte er ins Feuer." (1)

Sabbatai Zevi wurde als sehr gutaussehend bezeicnet und besaß auch eine zauberhafte Singstimme. Rabbi Leib ben Ozer beschreibt ein weiteres Phänomen, welches den Glauben an Zevis messianischen Anspruch bestärkt:

"Und das ist eines der größten Geschehnisse, offensichtlich übernatürlich, welches in jenen Tagen passierte und den Grund legte für den großen Glauben an Sabbatai Zevi, denn an vielen Orten erschienen Propheten in Hunderten und Tausenden, Frauen und Männer, Jungen und Mädchen, sogar kleine Kinder; alle von ihnen prophezeiten in der heiligen Zunge [Hebrew] und auch in der Sprache des Zohar, und doch kannte keiner von ihnen einen Buchstaben in Hebrew und umsoweniger die idiosyncratische Sprache des Zohar." (1)

Viele Rabbiner bezeugten damals öffentlich, daß sie Träume hatten in denen Sabbatai zu ihnen trat, manchmal neben ihr Bett. Wenn sie erwachten, gaben sie als ihr Bekenntnis an, daß er der Messiah sei. Laut Professor Gershom Sholem began in der Psyche vieler Juden, vor allem in Europa nach der spanischen Inquisition, eine echte Erwartung, daß die biblische Prophezeiung einer jüdischen Heimat in Erfüllung gehen würde. (11)

Zufolge einiger kritischen Interpretationen seines Verhaltens gab Sabbatai Anzeichen dessen was moderne Gelehrte wahrscheinlich manisch-depressive Psychose nennen würden. Mit anderen Worten, er stellte öffentlich zeitweise ein ekstatisches Verhalten zur Schau, gefolgt von Zeitspannen der Zurückgezogenheit oder möglicherweise Depressionen. Er verstieß auch gegen zahlreiche religiöse Gesetze, von Diätvorschriften bis zu unmoralischen sexuellen Handlungen. (1, 8, 11, 13)

Andererseits haben einige Gelehrte und moderne Nachfolger, oder Neo-Sabbateans, festgestellt, daß sein Verhalten keine Psychose war, sondern einfach das, was man von einem religiösem Mystiker, wie einem Sufi, zu erwarten hatte: meditative Gesänge, Gebet-Trance, Tanz, usw. Laut Professor Avraham Elqayam, Fakultätsmitglied des jüdischen Philosophie Fachbereichs an der Bar-Ilan Universität in Israel, beschäftigte sich Sabbatai häufig mit den Bektaschi Sufi Ritualen. Diese Perspektive erscheint mir glaubhaft, denn die Grabanlage von Sabbatai Zevi in Albanien wurde zu einem Sufi-Schrein errichtet, den es auch heute noch gibt. (5)

Jedenfalls wurde Zevi wegen seines außergewöhnlichen oder sozial unmoralischen und religiösen inakzeptablen Verhaltens schliesslich um das Jahr 1650 aus Smyrna ausgestoßen. Er wanderte jahrelang durch Griechenland, Thrakien, Ägypten und Syrien. Im Jahre 1665 änderte sich sein Leben für immer als er Nathan von Gaza in Palästina begegnete. Dieser würde den Ruf als einer seiner größten Befürworter und Dolmetscher bekommen, da er auf ihn einredete, daß er tatsächlich der Messiah sei, der ein neues Zeitalter hervorbringen würde.

Sabbatai Zevi wurde überzeugt und offenbarte sich offiziell im Jahre 1666 mit seiner Erklärung nach dem erheblichem Zuspruch von Nathan, um die messianische Prophezeiung zu erfüllen. Er gewann bald die leidenschaftliche Unterstützung in der Diaspora (die Bereiche außerhalb Palästinas die von Juden besiedelt waren) indem er die Rückkehr zu einer jüdischen Heimat versprach, eine Botschaft die auch dann gut aufgenommen wurde. (8, 11)

Trotz seiner starken Unterstützung und Popularität unter den Juden lehnten die führenden Rabbiner von Jerusalem die Behauptung von Sabbatai ab, daß er der Messai sei. Sie befahlen ihm die Stadt zu verlassen oder exkommuniziert zu werden. Sehr enttäuscht, aber unbeirrt, kehrte Sabbatai in die Türkei zurück, wo der Sultan des Osmanischen Reiches bereits seit mehreren Jahren die Entfaltung des Zevi Phänomens erlaubt hatte. (1, 8, 11) Der Sultan hatte zunächst nichts gegen Zevis religiöse Behauptungen, wahrscheinlich, weil diese Äusserungen viel Geld vom jüdischen Tourismus brachten. Juden aus der ganzen Welt strömten in die Türkei, von England bis nach Persien, von Deutschland bis nach Marokko und von Polen bis nach Jemen. (11)

Obwohl der Sultan die Bewegung am Anfang nicht behinderte, passierte der letzte Strohhalm, gemäß eines von vielen Gerüchten, als Sabbatai öffentlich erklärte, daß im folgenden Jahr der Temple in Jerusalem wieder aufgebaut werden würde. Der Sultan nahm daran Anstoß. Es ist die am meisten akzeptierte Version dieser Geschichtet, daß der Sultan dem Sabbatai Zevi die Wahl gab entweder öffentlich zum Islam zu konvertieren oder enthauptet zu werden. Wie es der Sultan so genau formulierte: *"Deinen Kopf oder den Turban."* (11) Der Turban war natürlich das Symbol zum Islam überzutreten. Sabbatai Zevi, der vermeintlich lange erwartete Messias, legte seinen jüdischen Glauben auf der Stelle nieder. Er entschied sich den Turban zu tragen und seinen Kopf zu bewahren. Zevi wurde öffentlich ein Muslim und nahm einen neuen Namen an: Aziz Mehmed Effendi ("Macht von Muhammad"). Der Sultan gab ihm ein angemessenes Gehalt und den Titel "Hüter des Tores". Währenddessen scheint es, daß er seine messiansichen Tätigkeiten fortführte. Man muß man davon ausgehen, daß die islamische Behörden davon volle Kenntnis hatten. (8)

Sabbatai mag wohl konvertiert sein um der ExeKution zu entkommen, aber Nathan und seine anderen Getreuen haben eine andere Auslegung dieser Bekehrung. Sabbatais Übertritt bedeute den Abstieg in den klippotischen Bereich ('gröbste' Wirklichkeit oder 'Hülsen' der Schöpfung), um

עטרת צבי

כימים ההם וכעהוהיא
אצמח לרור צמחצרקה
ועשהמשפט וצריקה כארץ

FIGURE 2

die verlorenen "Funken" des göttlichen Lichts, welches bedeutet "die Welt zu reparieren" zurückzufordern. Dies sind kabbalistische Konzepte, die, wie die meisten modernen Gelehrten festgestellt haben, allzuoft benutzt wurden, um sein ketzerisches und sozial radikales Verhalten zu rechtfertigen. (1, 2, 3, 8, 10, 11, 13, 24, 26, 30)

Sabbatais formaler Übertritt zum Islam bestürzte, gelinde gesagt, viele seiner Anhänger. Aber diejenigen, die weiterhin loyal zu der Bewegung waren, nahmen es als ein Zeichen ebenfalls zum Islam zu konvertieren, während sie heimlich ihre jüdische Identität und das mystische Praktikum beibehielten. Der berühmteste dieser Sabbateanen Kulte, wie sie manchmal genannt wurden, war hauptsächlich in Anatolien (der heutigen Türkeit) angesiedelt. Kritiker nannten sie Donmeh, übersetzt "religiöse Konvertiten", eine abwertende Bezeichnung, die sie selbst nie benutzten. (36)

Nathans optimistische Interpretation von Sabbatais Glaubenwechsel wurde von den meisten Juden nicht gutgeheißen. Er fand aber einen hohen Grad von Anerkenntnis in Ländern wie Spanien und Portugal unter den 'conversos' (Konvertiten) und Marranen, zwei Namen für westeuropäische Juden, die gezwungen waren während der Inquisition zum Christentum überzutreten.

Yakov Leib HaKohain, der aktuelle spirituelle Direktor von Donmeh West, einer in 1972 gegründeten kalifornischer neo-Sabbatean Organisation, erklärt:

"Es ist eine allgemeine Vermutung, daß die Bekehrung von Sabbatai Zevi zum Islam eine Handlung der Feigheit war, indem er das jüdische Volk verraten hat. Allerdings war diese 'Bekehrung' nicht eine Handlung der Feigheit sondern, wie er und Nathan von Gaza glauben auf grund ihrer Lektüre der Kabbalah, tatsächlich eine der mystischen ma'asim zarim (seltsame Aktionen) wozu der Messias bestimmt war." (5)

Eine solche unorthodoxe und kontroverse Erklärung schlägt vor, daß der Zusammenbruch der weltweiten Sabbatai Zevi Bewegung und fast des Judentums selbst, kam nicht so sehr von dem was Sabbatai tat, sondern von der Unfähigkeit des jüdischen Volkes dies zu verstehen und zu akzeptieren. Anders ausgedrückt war es nicht Sabbatai Zevi der das jüdische Volk "betrogen" hat, sondern diejenigen, die ihn verlassen haben weil sie ihn falsch begriffen haben nach der Ansicht von Herrn HaKohain. (5)

Sabbatai Zevi war es gewöhnt, so wie die Sufi-Mystiker, laute Worte der

Ekstase auszurufen. Es wurde über Sabbatai berichtet er habe an den Sufi Bektaschi Zeremonien , die in Adrianpolis geführt wurden, teilgenommen. In vieler Hinsicht betrachtete die Mehrheit der Sunnis den Bektaschi-Orden und die Eleviten als gesetzlos. Deshalb ist es interessant, daß Sabbatai Zevi beschloß sich mit ihnen zu verbinden. (3) Die Bektavi-Alevi Sufi fallen aus vielen Gründen unter die Grenzen des akzeptablen muslimischen Verhaltens. Viele Bektaschi-Alevi folgen nicht den vorgeschriebenen fünf täglichen Gebeten. Statt dessen ziehen sie es vor ihre Gebete privat oder bei Cem, dem religiösen Treffpunkt der Alevi, abzuhalten. Ausserdem befolgen sie nicht das Ramadan Fasten. Viele Bektasi-Alevis trinken Alkohol und betrachten dies nicht als sündhaft im Gegensatz zu der Mehrheit des orthodoxen Glaubens. (4) Sie betonen auch die Gleichstellung von Männern und Frauen, die zusammen in der Cem und in Zikrulla (die Versammlung für Zikr) üben können. Statt der Pilgerfahrt oder Hajj nach Mekka haben sie Wallfahrten nach den heiligen Stätten der Sufi-Heiligen, oder besuchen lebende Babas oder Dedes, ihre religiösen Ältesten und Führer. (4)

Die Vorstellung, daß Sabbatai den Sufismus in hohem Ansehen hielt und seine gnostischen Techniken praktizierte, ist etwas was Professor Gershom Sholem anscheinend nicht aufgefallen ist oder es nicht genügend erklärt hat. Das Ziel dieser geistigen Wandlung war, nach der Meinung vieler modernen Donmeh, eine heiliger Versöhnung beider Religionen herbeizuführen anstatt die eine oder andere zu praktizieren. Die Theorie ist, daß man dies erreicht durch die Internalisierung einer unvereinbaren oder "fremden" Religion in der eigenen Person, um innerlich zu verbinden was äusserlich antagonistisch ist. Dadurch werden zwei scheinbar entgegengesetzte Systeme vereinigt und bringen in jedem den 'heiligen Funken' hervor von ihrer eigenen Quelle. (5,11)

Aber was sind diese 'heiligen Funken' und woher kommen sie? Isaac Luria, dessen Interpretation der Kabbalah jetzt am weitesten verbreitet und akzeptiert wird, erklärt, daß Gott die Welt geschaffen habe mit 10 Gefäßen, die das 'göttliche Licht' halten sollten. Es war Gottes Absicht, daß dieses ursprüngliche Licht ausstrahlen sollte um die ganze Welt damit zu füllen und alles um uns herum zu erleuchten. Aber als Gott das Licht in die Gefäße füllte war das göttliche Licht so stark, daß die Gefäße es nicht halten konnten. In einer riesigen Explosion zersprangen die Gefäße und Funken dieses Göttlichen Lichts wurden in die Welt der Materie eingebettet. (5, 11) Die materielle Welt hat diese Funken des Göttlichen Lichts eingefangen; Gottes Gegenwart war verborgen und nicht fähig aufzuleuchten. Es wurde dann die Aufgabe von uns (vermutlich den Auserwählten) diese heiligen Funken zu befreien. Die Art und Weise wie sich die Menschen mit dem materiellem Universum befassen und interagieren könnte diese Funken befreien und die Welt reparieren. (36)

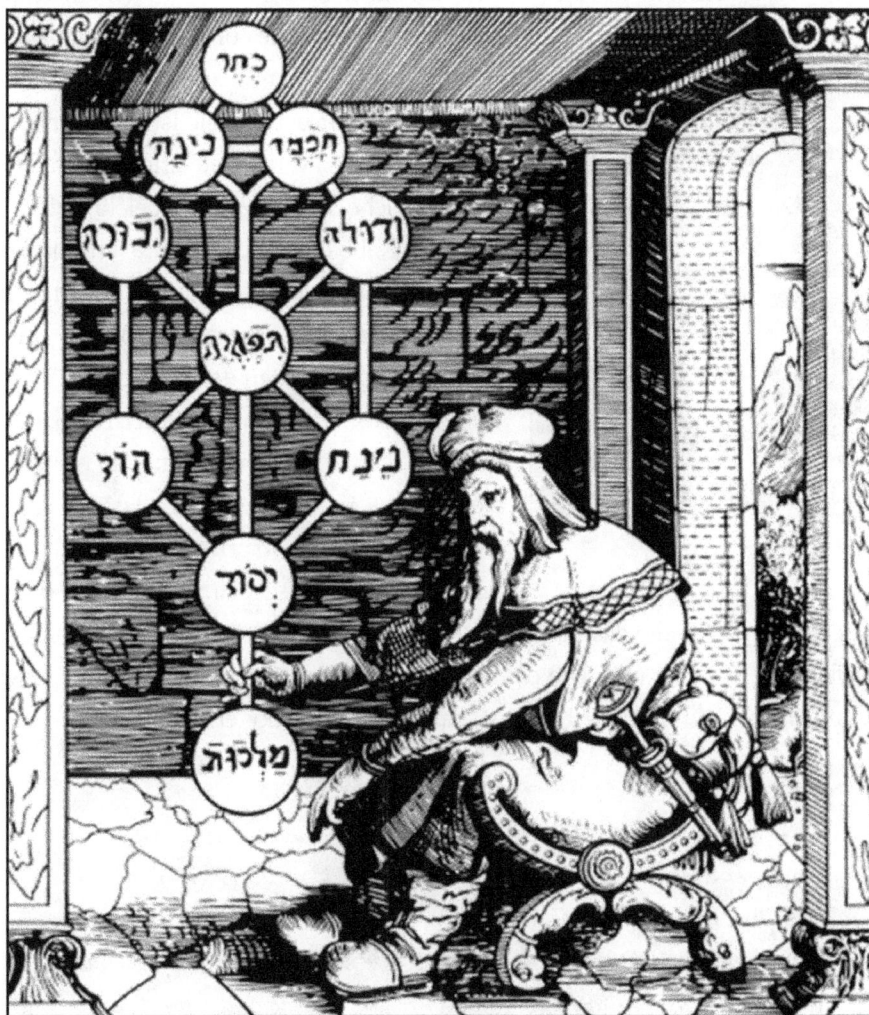

FIGURE 3

Ein weiterer wichtiger Aspekt der Interpretation von Isaac Luria, heutzutage bekannt als die Lurianische Kabbala, ist, daß eine active Teilnahme erforderlich ist um die Bühne zu setzen für die Ankunft des Messias. Er entwarf seine neuen kabbalistischen Anweisungen um die heiligen Funken zu befreien. Damit sollten die Bedingungen geschaffen warden, welche die Phase einleiten oder direkt beschleunigen würde für die Erfüllung der jüdischen messianischen Prophezeiung. (28) Mit anderen Worten, die Luriansiche Perspektive erwartete von den Juden zu handeln, eine aktive Rolle zu spielen in dem Hervorbringen des Reiches Gottes auf Erden, anstatt einfach auf Gott

FIGURE 4

zu warten. Diese neue europäische Kabbalah wird einstimmig Luria zugeschrieben und war damals sehr beliebt. Sie ist immer noch das am weitesten verbreitete und verwendete kabbalistische System welches gelehrt wird.

Die Kabbalah wurde eine mystische Synthese zwischen den heidnischen Lehren, die der Torah vorausgegangen waren, und gnostischen Elementen des Judentums. Viele Texte im Zusammenhang mit der Kabbalah, einschließlich der Zohar, sagen, daß es nicht die Aufgabe ist das Böse zu zerstören sondern es zu seinem Ursprung zurüchzufüren. Einfacher ist es ausgedrückt in dem Zohar Metaphor "beinhalte das Linke im Rechten' oder im Lurianischem 'erhebe die gefallenen Funken'. (11) Die okkulte Gelehrte, Mystikerin, Orientalistin und Autorin von *Die Geheime Lehre*, Madame H.P.Blavatsky, erklärte:

◇◇◇

"Derjenige irrt sich, der die kabbalistischen Werke von heutzutage, die Kabbalah und die Interpretation der Zohar von den Rabbis akzeptiert, anstatt der ursprünglich echten kabbalistischen Überlieferung! Denn sowohl heute wie in der Zeit von Frederick von Schelling enthält die Kabbalah, die in Europa und Amerika zugänglich ist, mehr Trümmer und Fragmente, viele entstellte

Überbleibsel des primitiven Systems welches der Schlüsel zu allen religiösen Systemen ist." (18)

◇◇◇

Madame Blavatsky fügte hinzu, daß die Chaldäische die älteste und wahrscheinlich am meisten authentische Version der Kabbalah sei:

◇◇◇

"Außerdem stimmt die chaldäische Kabbalah perfekt mit der östlichen Anordnung des Buches der Zahlen überein und widerspricht der vorliegenden orthodoxen Kabbalah in den Diagrammen. Ich sah, daß sie in der schönsten Art und Weise verändert waren und die Kabbalah war völlig verloren. So hat man die Weisheit der hebräischen Eingeweihten in der chaldäischen Kabbalah, im Buch der Zahlen, aber man findet dies nicht hier [d.h. in der modernen, populären und akzeptierten Version der Kabbalah]; es wurde damit soviel beeinträchtigt... Ich sage, da gibt es mehr Unsinn als Wahrheit." (18)

◇◇◇

Die schnelle Verbreitung der Lehren des Rabbi Isaac Luria und seiner Lurianische Kabbalah führten zu einer Veredelung der damaligen Theorien der Kabbalisten in Bezug auf die traditionelle jüdische Ansicht über die Rolle und Persönlichkeit des Messias. In der Auffassung vieler Gelehrten brachte dieses neue philosophische Musterbeispiel eine spirituelle Rechtfertigung für den proaktiven Zionismus und die Ereignisse, welche direkt zu der modernen Gründung Israels führten. (8)

Die mystischen lurianischen Spekulationen über die Natur der Erlösung und der 'wiederhergestellten Welt' (olam ha-tikkun), die auf den Fersen folgte, fügte neue Inhalte und Dimensionen bei zu dem beliebten messianischen Volksmythos eines alles erobernden Nationalhelden und brachte sie auf die Ebene eines höchst kosmischen Dramas. (27) Der Erlösungsprozeß war nicht länger einfach Israels weltliche Befreiung vom Joch der Heiden, sondern es ging vielmehr um einen grundlegenden Wandel der Gesamtheit der Schöpfung. Die materiellen und geistigen

Welten würden gleichermaßen betroffen. In den Worten von Gershom Sholem führte dies:

"Zu einer Berichtigung der Urkatastrophe beim Zerbrechen der Gefäße (shevirat ha-kelim), in deren Verlauf die göttlichen Welten zu ihrer ursprünglichen Einheit und Vollkommenheit zurückkehren." (1)

Dieser Vorgang wird 'tikkun olam' oder 'Reparatur der Welt' bezeichnet und er beinhaltet alles Benehmen: wie man seine Mitmenschen behandelt, wie man arbeitet, spielt, denkt und interagiert mit allen Aspekten der Umwelt zu jedem Zeitpunkt. Darin, so glauben diese 'ketzerischen' Kabbalisten, sind alle Handlungen enthalten die zu Gottes Gunsten sind, ebenfalls bewusste Streifzüge in die Welt der Sünde. Dort könne die illusiorische Natur des Bösen leichter enthüllt werden und damit würden die die Funken zu ihrem Ursprung erhoben. (11)

Die lurianischen Kabbalisten beabsichtigten ursprünglich eine innere Denkungsart bei der Ausübung ihrer Gebetsanliegen oder kavvanot, um das 'göttliche Licht' zu vervollständigen und es zurückzuführen zu den Orten wo es sich vor dem katastrophalen Fall befunden hatte. Somit war jede kavvanah ein spiritueller Akt, der demonstrierte, daß das äußerliche Unterfangen, in welchem es sich befand, unsichtbar mit der Gesamtstruktur des Kosmos harmonisierte. (1)

Mit dem Kommen des Messias in 1666 änderte sich jedoch diese Struktur. Die Veränderung führte wiederum zu einer Neubewertung der gesamten Lurianischen Kabbalah. Gelegentlich gingen sowohl Nathan von Gaza als auch Abraham Cardozo, ein Sabbatean Marrano Prophet, soweit, daß sie verschleierte Kritik an Isaac Luria persönlich ausübten. Als Beispiel gibt Nathan von Gaza, zweifelos der engste Befürworter Sabbatai Zevis, einen Einblick über die dramatischen sozialen Veränderungen:

"Heutzutage ist es nicht länger richtig die Tikkinum von Rabbi Isaac Luria zu lesen, geblesst sei sein Andenken, und von seinen Schülern,

noch zu meditieren nach deren kavvanot, denn die Zeiten haben sich geändert. Der kavvanot von Rabbi Isaac Luri war für seine Zeit bestimmt, wie ein gewöhnlicher Tag in der Woche, wobei es jetzt der Vorabend vom Sabbath ist. Es ist nicht richtig den Sabbath so zu behandeln als wäre er ein gewöhnlicher Wochentag. (1)

Anderswo erklärte Nathan von Gaza seine Einstellung indem er nochmals seinen Glauben zum Ausdruck brachte, daß eine neue Ära eingetreten war. Er bekräftigte seine Ansicht, daß die religiösen Gesetzte vor Sabatai Zevi im Wesentlichen veraltet waren:

"Es ist meine Überzeugung, daß die Auslegung der kavvanot, wie sie von unserem Lehrer Rabbi Isaac Luria, gebleßt sei sein heiliges und rechtschaffenes Andenken, erklärt wurde, nicht mehr angemessen ist für unsere Zeit, weil das Aufrichten [der göttlichen Welten] in eine neue Phase eingetreten ist, so daß es wäre, als würde ein kavvanot, das für einen Wochentag bestimmt ist an einem Sabbath verwendet werden. Deshalb sollen sich alle hüten sie zu benützen, und ebenso können keine der kavvanot oder Predigten oder Schriften von Rabbi Isaac Luria zukünftig gelesen werden, denn sie sind schwerverständlich, und kein lebender Mensch hat sie verstanden außer Rabbi Hayyim Vital, der mehrere Jahre ein Schüler des Meisters [Isaac Luria] war und ihn am Ende im Wissen übertroffen hat." (1)

Mit der traditionellen Sabbatean Lehre behaupteten Zevi und seine Anhänger, daß sie die Funken der Heiligkeit, die in dem scheinbar Bösen versteckt war, befreien könnten. Zevi selbst unternahm Handlungen, die die traditionellen jüdischen Tabus verletzte, so wie Fette zu essen, welche von den jüdischen Speißegesetzen verboten waren und er feierte ehemalige Fastentage als Festtage. Eine Gebetsquote von Levi:

"Baruch atah Adonai, Elohainu Melech ha-olam; matir issurimi: Gepriesen seiest Du, Herr unser Gott, König des Universums, der die verbotetenen Dinge zulässig macht." (1)

Der Prozeß der Erlöung würde so lange unerfüllt bleiben bis die letzten göttlichen Funken (nitzotzot) der Heiligkeit und des Guten wieder zurück gesammelt wären zu ihrer Quelle, welche zum Zeitpunkt von Adams ursprünglicher Sünde in die unreinen Bereiche des kelipot fielen. Es war daher die Aufgabe des 'Erlösers', dem heiligsten Menschen, das zu erfüllen was nicht einmal die höchst gerechten Seelen der Vergangenheit in der Lage waren zu tun: hinabzusteigen durch die Tore der Verunreinigung in den unreinen Bereich des kelipot, um die göttlichen Funken zu retten, die dort noch gefangen waren. (1)

Sobald diese Aufgabe ausreichend durchgeführt war, würde das 'Reich des Bösen' von selbst zusammenbrechen, denn seine Existenz war nur durch die göttlichen Funken in seiner Mitte ermöglicht. Deshalb war der Messias gezwungen 'seltsame Handlungen' (ma'asim zarim) zu begehen, wobei seine Abtrünnigkeit vom Glauben am meisten bestürzte, jedoch war das notwendig um seine Mission zu erfüllen. (11)

Die Psychologie der radikalen Sabbatean war völlig paradox. Im Grunde genommen war das Leitmotif: Wer ist wie er scheint, kann nicht ein wahrer Gläubiger sein. In der Praxis bedeutete dies, daß der wahre Glauben nicht ein Glauben war den Männer öffentlich bekennen konnten. Im Gegenteil muß der wahre Glauben immer verborgen bleiben. Es war in der Tat eine Pflicht ihn nach außenhin zu leugnen, denn er war wie ein Samenkorn, das nicht wachsen kann ohne erst einmal bedeckt gewesen zu sein, im Bett der Seele. (8) Cardozo formuliert es so:

"Es ist angeordnet, daß der König Messias die Kleidungsstücke eines Marrano anzieht und so von seinen jüdischen Glaubensgenossen unerkannt bleibt. Mit einem Wort, es wird angeordnet, daß er ein

Marrano wird so wie ich. Aus diesem Grund ist jeder Juder verp-
flichtet ein Marrano zu werden." (1)

⟨⟨⟨

Das Thema einer geheimen, versteckten oder okkulten Identität wurde
ein Teil dieser sich entwickelten religiösen Philosophie. Eine wahre Handlung kann in Essenz nicht öffentlich vor den Augen der Welt ausgeführt
werden. Wie der wahre Glauben, wurde die wahre Handlung verborgen,
denn nur durch die Geheimhaltung könne er die Unwahrheit negieren von
dem was deutlich ist. Durch eine Umwälzung der Werte wurde das was
früher heilig war profane, und das, was früher lästerlich war, wurde heilig.
(1, 8)

Sabbatai Zevi ist der berühmteste Jude der zum Muslim konvertierte,
welches heutzutage den Begriff Sabbatean bezeichnet. Viele von Zevis in-
nerem Kreis folgten ihm zum Islam, darunter seine Frau Sarah und die
meisten seiner engsten Verwandten und Freunde. Nathan von Gaza, der
engste Befürworter Zevis, der ihn veranlaßt hatte sich als der Messias zu
offenbaren, folgte ihm nie in den Islam sondern blieb ein Jude. Allerdings
wurde er von seinen jüdischen Brüdern exkommuniziert. (11)

Einige Wissenschaftler sind der Meinung, daß Zevi eine tiefe Verbindung mit der Bektashi-Sufi-Order hatte. Einige Ählichkeiten zwischen den
Sabbatean Donmeh und der Bektashi Praxis beinhalten die absichtliche
Zuwiderhandlung der kashrut/halal, nämlich ritueller Gruppensex oder
Austausch von Ehefrauen, ekstasisches Singen oder eintöniger Singsang,
mystische Kabbalah und der Glaube an ein okkultes Lesen der Torah/Ko-
ran. (5)

Nach dem Tod von Sabbatai in 1976 waren diese Sekten weiterhin
tätig mit dem Austausch von Ehefrauen, religiösen Sex-Orgien, Ehebruch
und Inzest. Die Sabbatean in Salonika, der Dolmeh, hielten regelmäßig
eine Feier am zweiundzwanzigsten Tag des hebräischen Monats Adar ab,
bekannt als das Fest des Lammes. Sie bewahrten die genaue Natur dieser Feier als ein sorgfältig gehütetes Geheimnis, bis schließlich einige der
jüngeren Mitglieder überredet wurden es zu offenbaren. (36) Nach ihren
Angaben beinhaltet das Fest Berauschung und ein orgiastisches Ritual

namens Löschung der Lichter, welches in völliger Dunkelheit endete mit dem religiösen sexuellen Austausch von Töchtern und Ehefrauen. Soweit wir wissen, kam dieser Ritus wahrscheinlich nach Salonika von Izmir. Sein Name und Inhalt ist der heidnischen Kult der Grossen Mutter entlehnt, die in der Antike blühte. Sie wurde weiterhin ausgeübt nach dem allgemeinen Untergang des Kultes von einer kleinen Sekte der Licht Feuerlöscher in Kleinasien unter dem Deckmantel des Islams. (1, 27) Sie behaupteten, daß die Zuwiderhandlung der Torah die Erfüllung sei, wie es dargestellt wird durch das Beispiel eines Weizenkorns welches in der Erde verfault. Mit anderen Worten, so wie das Weizenkorn in der Erde verrotten, muß bevor es keimen kann, so müssen die Taten der Gläubigen wirklich faul werden bevor sie bereit sind für die Erlösung. Dieses Metaphor scheint überaus beliebt gewesen zu sein, denn es vermittelt die gesamte sektierische Sabbatean Psychologie in knapper Form: In der Übergangszeit, als die Erlösung noch in einem Zustand der Verhüllung war, mußte die Torah in ihrer ausdrücklichen Form verneint werden, denn nur so, auch verborgen, konnte sie schließlich 'erneuert' werden. (1, 8, 11)

Einige Historiker behaupten, daß viele Sabbatean Nachfolger des Hasidismus wurden, der im Gegensatz zu Zevis Bewegung dem Halakka (jüdisches Gesetz) folgt. Es gibt bekannte Streitigkeiten zwischen Rabbis, die sich gegenseitig beschuldigen, geheime Anhänger von Zevi zu sein, der wegen seines Abfalls sehr geschmäht wurde vom orthodoxen Judentum. Nach Gershom Sholem:

"Sabbateanism ist die Matrix jeder nennnenswerten Bewegung die im achtzehnten und neunzehnten Jahrhundert entstanden ist, vom Chassidismus zur Reform des Judentums, zu den frühesten freimaurerischen Kreisen und dem revolutionären Idealismus. Die Sabbatean Gläubigen fühlten, daß sie die Vorkämpfer einer neuen Welt seien, die durch den Sturz der Werte aller Religionen gebildet würde." (1)

Das Beharren der Radikalen auf der potentiellen Heiligkeit der Sünde befremdete und beleidigte den durchschnittlichen Juden. Selbst die Gläubigen unterwarfen sich den schwersten inneren Konflikten. (36) Die Sabbatean versuchten sich zu rechtfertigen mit dem Hinweis auf das talmudische Diktum, welches aus dem Zusammenhang gerissen ist: (Nazir 23b) Eine Übertretung, die um ihrer selbst willen begangen wird, ist größer als ein Gebot, daß man nicht befolgt.

Die nihilistischen Tendenzen des Sabbateanismus sind noch relativ schwach gegenüber dem, was mit Sabbatai Zevis berüchtigtem Nachfolger Jacob Frank einen neuen Höhepunkt erreichte. Dessen Anhänger ersuchten vorschriftsmässige Erlösung durch berüchtigte religiöse Sex-Orgien an den Sonnenwenden und Equinoxen.

Kapitel 2

I m Buch von Jerry Rabow '*Die unbekannten Lebensgeschichten der 50 jüdischen Messiase*' beschreibt er die Frank-Philosophie:

"Obwohl Jacob Frank 50 Jahre nach dem Tod von Sabbatai Zevi geboren wurde, steht es ihm zu als der wahre Nachfolger von Sabbatai betrachtet zu werden. Er erweiterte die paradoxe Lehre Zevis, daß das Kommen des messianischen Zeitalters die sexuellen Verbote der Bibel umwandelte in Erlaubnisse und sogar Verpflichtungen."Laut Frank wurde die Teilnahme an sexuellen Orgien das Mittel, um die Seele von ihrer Sünde zu reinigen. Ausschweifungen wurden Therapie genannt. Frank überzeugte seine Anhänger, daß die einzige Möglichkeit ihre speziellen Form des Judentums zu bewahren, war, äußerlich Christen zu werden, so wie die Donmeh in die Welt des Islams abgestiegen war." (10)

1726 als Sohn eines polnischen Sabbatean geboren, wuchs Frank zu einem ketzerischen Rabbi heran. Er verkündete, daß er die Reinkarnation des selbsternannten Messias Sabbatai Zevi sei und des biblischen Patriarchen Jakob. Frank gründete eine neue Religion, die man nun Frankismus nennt. Sie war angefacht von der Lurianischen Kabbalah und erweitert von Zevi mit der berühmt gewordenen Philosophie 'Erlösung durch Sünde'. (1, 10, 11)

JAKÓB JÓZEF ʙᴀʀᴏɴ ᴠᴏɴ FRANK - DOBRUCKI.

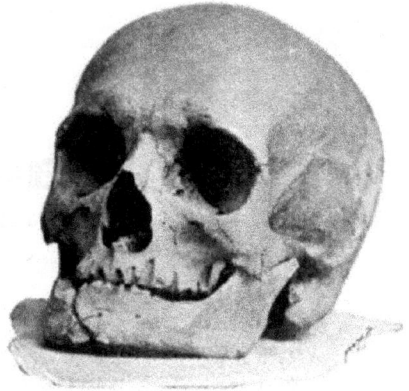

CZASZKA JAKÓBA JÓZEFA FRANKA.
Jacob Frank's actual skull

FIGURE 5

Jacob Frank behauptete, daß Gott verschieden war von dem Gott, der sich den Israeliten als Schöpfer offenbart hatte. Er glaubte, daß der biblische Gott das Böse war, ein Glaube, der in gnostischen Kreisen weit verbreitet war. Frank selbst sonderte sich ab durch die Ablehnung jedes moralischen Gesetzes und Gebots. Er erklärte der einzige Weg zu einer neuen Gesellschaft wäre die totale Zerstörung der gegenwärtigen Zivilisation. Er bestand darauf, daß die Kinderopfer, Vergewaltigungen, der Inzest und das Trinken von Blut durchaus akzeptable und notwendige religiöse Rituale waren. (36)

Es dauerte nicht lange bis die jüdischen Authoritäten in Polen Frank und seine Anhänger wegen seiner ketzerischen Lehren exkommunizierten, die die Vergöttlichung von sich selbst und anderen umstrittenen Begriffen wie 'Reinigung durch Übertretung' enthielten. Jährlich im Frühling hielten die Frankisten Lammfeste ab, die aus einem festlichen Abendessen bestanden, so wie Drogenkonsum, Opfer, Nackheit und den Austausch von Ehepartnern und Töchtern für religiösen Sex.

Frank verwarf völlig die traditionelle Auslegung der Torah. Er konvertierte zum Islam und ebenso zum Katholizismus. Er schlief oft mit seinen Anhängern, sowie seiner eigenen Tochter. Dabei predigte er, daß es der beste Weg war Gott nachzueifern, jede Grenze zu überschreiten und das Heilige mit dem Profanen zu vermischen (sowie es Gott tat, behauptete er). (36)

Auf dem Höhepunkt seiner Popularität betrachteten sich ungefähr 50,000 Juden oder Ex-Juden (Krypto-Juden) als seine Anhänger. Dies war weit weniger als Sabbatai Zevi besaß, sein messianischer Vorgänger. Dessen Anhänger betrugen 20-mal soviel im dem vorangegangenen Jahrhundert. Trotz der kleineren Gefolgschaft würde Franks Kult sich fortbilden und einige von Europas Königshäusern, Adelsfamilien und reichsten Bankiers beinhalten. (30)

Für Frank war der zentrale theologische Punkt die Verkleidung des Heiligen in das Unheilige. Von seiner pseudo-gnostischen Anschauung her war die ganze böse Welt nicht eine Schöpfung des HERRN (YHVH), sondern die eines bösen Schöpfergottes. Und doch offenbarte sich Gott und wurde in der Welt gegenwärtig, wodurch die Grenze zwischen Rein und Unrein übertreten wurde. Laut Frank müßten Menschen, die Gott nacheifern, gleichfalls den Bereich des Profanen betreten.

Seine Tochter Eve Frank (1754 - 1816), genannt 'Die Dame' oder 'Heilige Matrone (Mutter)', diente als zentrale Figur in den Sex Ritualen der Sekte solange er noch lebte. Nach seinem Tod führte sie die Sekte weiter in Offenbach und später in Polen. (16) Laut Jacob Frank:

Ewa Frank
(1754 - 1816)

FIGURE 6

"Alles was überhaupt bis heute geschehen ist, war, um die Nach-kommenschaft der Juden zu bewahren und damit der Name Israels nicht vergessen würde. Aber jetzt gibt es keine Notwendigkeit mehr für Gebote und Gebete, sondern nur zuzuhören und zu tun und weiterfortzufahren bis wir zu einem gewissen verborgenen Ort kommen." (36)

Gershom Sholem sagte bezeichnenderweise, daß Menschen sich immer an Jacob Frank als eines der erschreckensten Phänomene in der gesamten jüdischen Geschichte erinnern würden, und der:

"... ein religiöser Führer war, der, sei es aus eigenützigen Motiven oder nicht, in allen seinen Handlungen ein wirklich korrupter und degenerierter Mensch war." (1)

Jacob Frank selbst faßte freimütig seine eigene Philosophie in einer einzigen Bemerkung zusammen:

"Es ist eine Sache Gott anzubeten und eine ganz andere, dem Weg zu folgen, den ich gemacht habe." (1)

Laut Frank müsse man sich von allen Gesetzen, Konventionen und Religionen befreien, jede denkbare Handlung annehmen und zurückweisen und seinem Führer Schritt für Schritt in den Abgrund folgen. Die Vernichtung jeder Religion und jedes positive Glaubenssystems sei die wahre Art, wie er es von seinen Gläubigern erwartete, zu folgen. Jacob Frank lehrte, daß, um aufzusteigen, man zuerst herabsteigen muß. In Franks eigenen Worten:

"Niemand kann einen Berg besteigen bevor er nicht zu dessen Fuß abgestiegen ist. Deshalb müssen wir hinabsteigen und bis zur untersten Sprosse niedergeworfen werden, denn nur dann können wir bis in das Unendliche klettern. Dies ist das mystische Prinzip der Jakobsleiter, die ich gesehen habe, und die wie ein V geformt ist ... Nochmals, ich bin nicht in diese Welt gekommen um euch zu erheben, sondern vielmehr um euch auf den Boden des Abyss hinunterzuwerfen. Es ist unmöglich tiefer als dies zu sinken, noch kann jemand aus eigener Kraft wieder aufsteigen, denn nur der Herr kann mit der Macht seiner Hand jemanden aus den Tiefen erheben." (1)

Frank fuhr fort zu erklären, daß der Abstieg in die Abyss nicht nur die Ablehnung aller Religionen und Konventionen sei, sondern auch die Ausübung seltsamer Handlungen erfordere, welche wiederum freiwillige Demütigung verlange. Die Misachtung von Autorität und der Zustand völliger Schamlosigkeit führe zu einer tikkyn der Seele und so würde das Eine dem Anderen gleich werden.

Um diese gegensätzlichen Gewalten, die die Götter anderer Religionen darstellten, zu überwinden, war es unerläßlich, vollkommen verschwiegen, sogar hinterlistig zu sein. Dies war nun das mystische Prinzip der Seelenlast, eine neue Version gegen die ursprügliche Verfügung, verschieden zu erscheinen als man wirklich war. Frank artikuliert dieses Bedürfnis nach Verschwiegenheit, sowie deren Belastung:

"In der Tat ist dies das Prinzip des wahren Weges: so wie ein Mann, der eine Festung erobern will, dies nicht schaffen kann indem er eine Rede hält, sondern er muß selbst dahingehen mit allen seinen Streitkräften, so müssen auch wir unseren Weg in Verschwiegenheit gehen. Es ist besser zu sehen als zu sprechen, denn das Herz darf dem Mund nicht verraten was es weiß. Wir befinden uns unter dem Druck der Verschwiegenheit: hier müssen wir ruhig bleiben und ertragen was notwendig ist. Deshalb

bedeutet es eine Belastung. Wenn ein Mann von einem Ort zu einem anderen geht, soll er seine Zunge im Zaum halten. Ähnlich geht es einem Mann, der einen Bogen spannt: um so länger er seinen Atem anhält, um so weiter fliegt der Pfeil."

◇◇◇

Dies wären einige der wichtigsten Grundzüge von Franks kabbalistischen Deutungen und seines religiösem Nihilismus. Unter den Frankisten entwickelte sich eine erstaunliche und scharf umrissene Ideologie des jüdischen Territolialismus. Ein Frankist Schriftsteller in Prag erklärte, dass Israels Exil überhaupt nicht eine Folge seiner Sünden sei, sondern es wäre ein Teil eines Plans die Zerstörung des kelipot über die ganze Welt zu bringen. Das Ergebnis würde nicht abgeschlossen sein, sebst wenn einige Tausende oder Zehntausende von Juden in das Land Israel zurückkehren. Gemäß des gleichen Autors war diese neue Lehre des Exils angeblich ein geheimer mystischer Grundsatz, welcher von allen Weisen verborgen war bis er in Polen enthüllt wurde.

In seinem bekannten Buch '*Zur Beseitigung der Opiate (Vol. 2)*' erklärt Rabbi Marvin S. Antelman woher Jacob Frank seine Finanzierung erhielt:

◇◇◇

"Zu der Zeit war Frankfurt der Hauptsitz des Jesuiten Adam Weishaupt, dem Gründer der Illuminati, sowie das Finanzimperium der Rothschild Gebrüder. Es ist erwähnenswert zu wiederholen: Frankfurt war der Geburtsort der Illuminati als auch des Rothschild Imperiums. Als Jacob Frank in die Stadt kam, hatte das Bündnis zwischen den beiden bereits begonnen. Weishaupt lieferte die konspirativen Hilfsmittel des Jesuiten Ordens, während die Rothschilds das Geld beisteuerten. Was noch fehlte war ein Mittel um die Agenda der Illuminati zu verbreiten, welches die Frankisten mit ihrem Netzwerk von Agenten in der christlichen und islamischen Welt ergänzten. Jacob Frank wurde sofort wohlhabend durch eine schöne Zuteilung von Mayer Amshel Rothschild in Frankfurt." (11)

◇◇◇

Kapitel 3

D er 1. Mai 1776 war der formelle Tag an dem Adam Weishaupt offiziell den Orden der Vervollkommensfähigen (Die Order der Perfektiblisten) gründete, der auch bekannt ist als die Illuminaten von Bayern. Weishaupt war der Sohn eines jüdischen Rabbis in Bayern. Nachdem sein Vater verstarb als er 5 Jahre alt war, wurde er von den Jesuiten erzogen, die ihn zum Katholizismus konvertierten. Er bekam schließlich ein Priester. Aber er wurde abtrünnig und bildete ein Bündnis mit Lord Meyer Rothschild, der die Illuminati Agenda finanzierte. (29)

Beim Bilden des Ordens der Illuminati ordnete Adam Weishaupt den Zeitpunkt von Schlüsselereignissen in einer Weise, um den Zahlen die größte okkulte Bedeutung zu geben. Zum Beispiel enschied er sich für den 1. Mai, da derMai der fünfte Monat im Jahr ist, und wenn er zum ersten Tag addiert wird ergibt sich sechs. Weishaupt wählte 1776, denn die vier Ziffern des Jahres (1+7+7+6=21) summieren sich auf

FIGURE 7

21. Außerdem ist die heilige Zahl 6+21=27 eine andere Zahl mit okkulter kabbalistischer 'Macht', denn sie wird durch die Multiplikation 3x9 gebildet. Weishaupt wählte dieses Datum sorgfältig, da er glaubte, daß selbst der größte Plan zum Scheitern verurteilt wäre, wenn er nicht zu der höchst numerisch vorteilhaften Zeit durchgeführt würde.

Die langfristigen politischen Ziele der okkulten geheimen Gesellschaft forderten die Ausführung folgenden Plans:

1. Abschaffung aller Monarchien und wohlgeordneten Regierungen
2. Beseitigung privaten Eigentums und Erbes
3. Bekämpfung von Patriotismus und Nationalismus
4. Aufhebung vom Familienleben und der Institution der Heirat
5. Die Einführung von der Gemeinschaftserziehung für Kinder
6. Umstürzung aller Religionen (30)

In seinem Buch *'Sabbatai Zevi: Arbeitszionismus und der Holocaust'* schreibt der jüdische Autor Barry Chamish:

"Das Ziel der Rothschilds war den Reichtums des Planeten unter Kontrolle zu haben. Die Vision der Frankisten war die Zerstörung der jüdischen Ethik durch eine Religion, die auf das genaue Gegenteil von Gottes Absicht begründet ist. Wenn diese Splitterparteien durcheinandergebracht würden, gäbe es einen blutigen Krieg der Menschheit, mit den Juden an der Front. Zu dieser Zeit wäre der Höhepunkt erreicht." (8)

Im Jahre 1777 begannen die Illuminati mit allen Logen (insbesonders der des Grand Orient) zusammenzuarbeiten zum Zweck der Infiltration. Selbst der Herzog von Braunschweig, Großmeister in Deutschland, machte in 1794 eine Bemerkung, daß die Illuminati die Freimaurerlogen beaufsichtigten. Im Laufe der Zeit gewannen die Illuminati die Kontrolle über jede Freimaurerloge der Welt. Als Weishaupt Mitglied des Grand Orient wurde, sorgte Meyer Amschel Rothschild (1743-1812) für die finanziellen Mittel der Freimaurer Loge zufolge dem britischen Historiker Nesta Webster. (27) Gemäß Rabbi Antelman überzeugte Rothschild Weishaupt die Frankistische Lehre anzunehmen. Danach finanzierte er die Illuminati. Er beabsichtigte den Frankistischen geheimen Plan zu erfüllen, nämlich die Umstürzung der Religionen der Welt, um das zionistische Ziel einer globalen Regierung, die von einem König in Jerusalem regiert werden würde, einzuführen. (11)

Im Lateinischen bedeutet Lucifer wörtlich der 'Lichtträger'. Die Illuminati veehrten ihn, und, wie vom Namen her offensichtlich, waren sie erfüllt mit dem "Licht des Lucifers'. Sie waren überzeugt, daß Menschen, die es besaßen, in der Tat aufgeklärt und fähig seien zu regieren. Ihr erklärter Zweck und Ziel war die Gründung einer 'Novus Ordo Seclorum' - eine neue Weltordnung oder eine Weltregierung, die von ihrer Hauptstadt Jerusalem geleitet würde.

Meyer Rothschild beorderte 12 wohlhabende Männer nach Frankfurt. Er forderte sie auf ihre finanziellen Mittel zusammenzulegen. Dann präsentierte er den 25-Punkte-Plan, der es ihnen ermöglichen würde über den Reichtum, die natürlichen Bodenschätze und die Arbeitskraft der ganzen Welt zu verwalten. Dieser Plan enthielt Anweisungen wie der 'Liberalismus' anzupreisen sei, um die politische Macht an sich zu reissen, den Klassenkampf zu initiieren, alle bestehenden Institutionen zu demontieren und zu rekonstruieren. Dabei unsichtbar zu bleiben bis zu dem Moment, wenn die Illuminati soviel Macht gewonnen hätten, daß keine List oder Gewalt sie umwerfen könne. (9, 13, 29)

Ein weiterer Höhepunkt des Plans beinhaltet die Verwendung von Massenpsychologie um die Massen zu kontrollieren. Der Gebrauch von alkoholischen Getränken, Drogen, moralischer Korruption und jegliche Art von Lasterhaftigkeit würde systematisch befürwortet, um die Jugend zu verderben. (30) Darüber hinaus planten sie die Presse für Propagandazwecken zu benützen, um alle Auffassungen der öffentlichen Information zu steuern, während sie im Schatten frei von jeder Schuld bleiben würden. Der Plan beabsichtigte die Massen glauben zu lassen, daß sie das Opfer von Kriminellen gewesen seien. Dann würde es so erscheinen, als seien sie die Retter, die die Ordnung wieder herstellen würden. (29, 30)

Ein Schlüssel zu ihrem Erfolg wurde die Infiltration der Freimauererei. Sie versteckten die echte Natur ihrer Arbeit unter Philantrophie, um
Nutzen zu ziehen aus den Grand Orient Logen. Sie planten diesen Einfluß zu benützen, um damit ihre atheistisch-materielle Ideologie unter den
'Goyim' (Heiden/ Rinder) mit systematischer Täuschung zu verbreiten,
mit hochtrabenden Phrasen und populären Parolen. Die ultimate Welt-
egierung war das Ziel durch Unternehmensmonopolen, so daß selbst die
größten Vermögen der Goyim (Nicht-Juden) von ihnen abhängig sein
würden. (9, 13)

Es gäbe einen völligen Wirtschaftskrieg verbunden mit hohen Steuern
und unlauterem Wettbewerb. Sie beabsichtigten ausreichende Polizei-
und Soldaten-Streitkräfte zu beherrschen, um ihre Interessen zu schüt-
zen. Dieses Paradigma würde als neue Weltordnung bezeichnet, und
schliesslich würde ein Diktator ernannt werden. (29)

Fritz Springmeier, ein Autor, der zur Zeit in Haft ist im Federal Gefäng-
nis, hat mehrere Bücher über die Blutlinien der Illuminati geschrieben.
Er schildert diesen globalen kommunistischen Plan der Illuminati in *Die
Illuminati Formel eine unentdeckbare total Meinungskontrolle zu schaffen*:

*"Es gibt eine Verbindung zwischen Marxismus und einer Gruppe von
Satanisten, die Frankisten genannt werden. Eine der einflußreich-
sten satanischen Kulte, die Kontrolle über die jüdische Bevölkerung
gewannen, hieß Sabbatianismus. Jacob Frank übernahm die Rolle
des Führers dieser Gruppe. Danach wurde diese Art des Satanismus
Frankismus genannt (Freuds sexuell bessessene Theorien kamen aus
dem Frankismus). Frank beauftragte seine Anhänger zu einer anderen Religion zu konvertieren, und sich hinter dieser Religion zu
verstecken, um ihren Satanismus zu praktizieren."* (9)

Adam Weishaupt begründete den Orden der Illuminati auf etwa den
gleichen Strukturprinzipien wie der Jesuitenorden. Über fünf Jahre lang
entwickelte und modifizierte er ein System, welches auf dem der Jesuit-

en basierte. Er unterteilte den Orden in drei Klassen (die Jesuiten hatten vier). Die erste Klasse war für Anfänger und die weniger Aufgeklärten (Minerval), die zweite für die Freimaurer (einschließlich der schottischen Ritter) und die dritte, die Klasse der Geheimlehre, bestand aus Priestern, der herrschenden Schicht, Magiern und einem König (die Jesuiten hatten einen General). (30)

Der Plan für die Machtübernahme war genial einfach. Die Berichterstatter der öffentlichen Meinung würden zu folgsamen Instrumente umgebildet, die danach in Weishaupts Worten "die Fürsten umgeben' würden. Als Berater für die Elite würden sie die Politik zu Gunsten der Ziele der Illuminati beeinflußen. (13)

Beim Eintritt in den Orden schworen die neuen Brüder: "Ich werde nie meine Position oder Stellung benützen gegen einen anderen Bruder." Durch das Netz der Mitgliedschaft in der Illuminati verdoppelte Meyer Rothschild seine Bemühungen. Sein Bankimperium verankerte sich fest in Europa. Seine Söhne, die Barone in der österreichischen Monarchie wurden, bauten weiter an dem finanziellen Imperium ihres Vaters und erweiterten ihren politischen Einfluß.

Im Jahre 1785 versetzte Meyer Amschel Rothschild seine gesamte Familie in ein fünfstöckiges Wohnhaus, welches er mit der Schiff Familie teilte. Er starb am 19. September 1812. Sein Wille legte fest, daß bestimmte Richtlinien von seinen Nachkommen zu befolgen und bewahren seien:

1) Alle bedeutenden Stellungen sollten nur von Familienangehörigen belegt sein. Nur männliche Mitglieder sollten sich mit der geschäftlichen Seite befassen. Der älteste Sohn des ältesten Sohnes war das Oberhaupt der Familie soweit es nicht anderweitig von dem Rest der Familie vereinbart wurde. Dies war der Fall, als die Familie im Jahre 1812 Nathan zum Patriarchen ernannten.

2) Die Familie sollte sich nur mit ihren eigenen ersten und zweiten Cousines verheiraten, um das Vermögen innerhalb der Familie zu bewahren und das Ansehen eines vereinten Finanzimperiums zu halten. Diese Regel wurde in späteren Generationen weniger

wichtig, da die Familienziele neu ausgerichtet wurden und in andere Vermögen geheiratet wurde.

3) Es sollte niemals irgend eine *"öffentliche Bestandaufnahme meines Vermögens durch die Gerichte, oder sonstwie gemacht werden. Außerdem verbiete ich jede rechtliche Aktion und jegliche Veröffentlichung des Wertes des Erbes."* (30)

In 1894 schrieb ein bekannter jüdischer Autor, Bernard Lazar, in seinem Buch 'Der Antisemitismus', daß Weishaupt von kabbalistischen Juden umgeben sei. Beschlagnahmte Dokumente bezeugen, daß von 39 Illuminati, die niedrige Fürungspositionen hielten, 17 Juden waren. Um so höher man in den Rängen nachforschte, um so größer war der Anteil der Juden. (29) (31) Vier besonders wichtige Juden besetzten die Illuminati Führung: Hartwig (Naphtali Herz) Wessely, Moses Mendelssohn, der Bankier Daniel von Itzig (1723-1799) und der Geschäftsmann David Friedländer. Die Eingeweihten gaben alle ein Gelübde des ewigem Stillschweigens ab, unbeirrbare Treue und totale Unterwerfung an den Orden. Jedes Mitglied mußte versprechen:

"Ich verspreche zu bedenken, daß das was das Beste für den Orden ist, es ebenfalls für mich ist. Ich bin bereit es mit meinem persönlichen Vermögen, meiner Ehre und mit meinem Blut zu verteidigen ... die Freunde und Feinde der Order sollen auch meine Freunde und Feinde sein." (31)

Anschließend, um die größte Geheimhaltung zu gewährleisten, warnte die Gruppe jedes neue Mitglied formell:

"Wenn du ein Verräter oder Verschwörer bist, dann sollst du wissen, daß die Brüder mit Waffen gegen dich antreten. Hoffe nicht zu fliehen oder ein Versteck zu finden. Wo immer du bist werden Scham,

Verachtung und der Zorn der Brüder dich verfolgen und dich bis in dein Innerstes quälen." (31)

◇◇

Der Orden ließ die meisten Mitglieder in dem Glauben, daß die niedrigen Grade des Mysteriums, welches sie erreicht hatten, die höchsten waren. Nur wenige Mitglieder kannten den wahren Zweck des Ordens. Sie ahnten nicht, daß es das echte oder tiefere Ziel war ein Novus Ordo Seclorum zu schaffen: ein weltweites Programm für die Weltherrschaft. Adam Weishaupt lehrte:

◇◇

"Einigen dieser Freimaurer werden wir noch nicht einmal enthüllen, daß wir irgendwie etwas anderes vorhaben als was die Freimauerer haben … Alle diejenigen, die nicht für die Aufgabe geeignet sind, bleiben in der Freimaurer Loge und werden dort weiter befördert ohne etwas über das zusätzliche System zu wissen." (6)

◇◇

Mit fortschreitender Zeit gewann die Illuminati Kontrolle über jeden Freimaurer Order in der Welt. Die Illuminati bewegten sich frei innerhalb der vielen geheimen Gesellschaften jener Zeit. Dabei versuchten sie die liberale Ideologie der Freimaurer als Köder zu benutzen für diejenigen, die nicht Bescheid wußten über ihre wahren Absichten. (13, 29)

"Alle Illuminati sind Freimaurer, aber bei weitem sind nicht alle Freimaurer Illuminati", erklärten die Professoren Cosandey und Renner in ihrer Zeugenaussage im April 1785. Dies bedeutete, daß nur eine Minderheit jemals die höchsten Grade der Mysterie erreichen würde. Adam Weishaupt selbst schrieb:

◇◇

"Die Freimaurer Loge ist vergleichbar mit unserer Pflanzstätte. Alle diejenigen, die nicht für die Aufgabe geeignet sind, bleiben in der Freimaurer Loge und machen Fortschritte ohne irgend etwas von dem weiteren System zu erfahren." (16)

◇◇

Am 20. Juli 1785 wurde Jakob Lanz, ein Priester, der als Kurier für die Illuminati tätig war, vom Blitz getroffen während er auf seinem Pferd reitete und starb. Die Polizei entdeckte eine Liste der Illuminati Mitglieder und einige kompromittierende Papiere, die in sein Priestergewand eingenäht waren. Die örtliche Polizei fand andere wichtige Dokumente in dem Haus von Lanz, einschließlich detaillierter Anweisungen für die geplante französiche Revolution. Einige der Papiere waren an den Grand Meister der Grand Orient Loge in Paris gerichtet. Alles wurde der bayerischen Staatsregierung ausgehändigt, die am 4. August 1785 ein neues amtliches Verbot gegen geheime Gesellschaften erteilte. Am 31. August erließ die Regierung einen Befehl, Weishaupt zu verhaften und setzte eine Belohnung auf seinen Kopf. (6)

FIGURE 8

Die Polizei began nach anderen bekannten Mitgliedern des Ordens zu suchen, die viele wichtige Stellungen in der Gesellschaft erfolgreich infiltriert hatten. Im Oktober 1786 durchsuchten sie das Haus von Dr. Franz Xaver Zwack (Cato) in Landshut. Dort waren die wichtigsten Unterlagen der Illuminati aufbewahrt. Im darauffolgenden Jahr durchsuchte die Polizei das Schloß von Baron Bassus (Hannibal) Burg in Sandersdorf. Sie beschlagnahmten dort sogar noch mehr Schriftstücke, die die Verschwörung der Illuminati gegen die ganze Welt beinhalteten. Die Illuminati wurden gezwungen ihr Logen zu verlassen. Trotz des Bannes fuhren sie fort wie gewöhnliche Freimaurer aufzutreten. (30) Nach der Auffassung von Albert Pike sollten Freimaurer von Anfang an absichtlich belogen und irregeführt werden hinsichtlich der Bedeutung der Symbole:

"Freimaurer haben wie alle Religionen Mysterien, die Hermetik und Alchemie, und verbergen ihre Geheimnisse von allen außer den Eingeweihten, Weisen und den Erwählten. Falsche Erklärungen und Misdeutungen werden verwendet um diejenigen, die es verdienen, zu täuschen, ihnen die Wahrheit, die Licht genannt wird, zu verbergen und sie davon wegzubringen. Die Wahrheit kann nicht von denjenigen empfangen werden, die zu unwürdig oder unfähig sind oder sie entstellen könnten ... Deshalb verbirgt die Freimauerei mißtrauisch ihre Geheimnisse und führt absichtlich dünkelhafte Interpreter in die Irre." (32)

Kapitel 4

Immer wenn wir Piratenschiffe im Fernsehen, in Kinovorstellungen oder in Comic-Büchern sehen, erscheint ebenfalls ein äußerst altes Symbol – der Schädel mit gekreuzten Knochen. Jedoch bedeutet dieses Symbol nicht immer Tod oder Gift. Sondern es gibt noch eine andere magische Bedeutung. Das offizielle Symbol der geheimen Gesellschaft 'Skull & Bones' ist ein menschlicher Schädel, der über zwei menschlichen Knochen, die wie ein X gekreuzt sind, plaziert ist, darunter steht die Zahl "322". Menschen auf der ganzen Welt haben über die wahre Bedeutung von "322" spekuliert, welche nach Anthony Sutton zurückzuführen ist in die Antike:

FIGURE 9

"Der Orden stammt von einer griechischen brüderlichen Gesellschaft ab, die zu Demosthenes in 322 B.C. datiert ist. Das hat vielleicht eine gewisse Glaubwürdigkeit, da die Urkunden von Bones durch die Zugabe von 322 auf das laufende Jahr datiert werden, d.h. Registrierungen, die ihren Ursprung im Jahre 1950 haben, werden Anno-Demostheni 2272 datiert." (33)

In dem Buch 'Das Heilige Blut und Der Heilige Gral' erzählen Baigent, Leigh und Lincoln es auf diese Weise:

"Eine große Dame der Maraclea wurde von einem Templer, ein Herr von Sidon, geliebt. Sie starb jedoch in ihrer Jugend. In der Nacht ihres Begräbnisses schlich sich dieser sündhafte Liebhaber zu der Grabstelle, um sie auszugraben und ihren Körper zu schänden … er öffnete des Grab … und fand einen Kopf auf den Beinknochen des Skeletts (Schädel und gekreuzte Knochen)."

Das Interessante daran ist, daß der Hafen von Sidon geschichtlich als das 'Nest von Piraten' bekannt war. Auch Constantine Porphyrogenitus (905 – 959 AD) nannte es so. Piraten sind dafür bekannt den Schädel und die Knochen auf ihren Fahnen zur Schau zu stellen. 'Jolly Roger' ist der traditionelle englische Name für diese Piratenflaggen. Die Verbindungen zwischen den Templern und Sidon waren stark: die Templer waren äußerst kommerziell und sogar mit der Sklaverei verknüpft. Und auch Sidon setzte den Sklavenhandel fort, selbst nach dem Ende der Sklaverei anderenorts. (39)

Im Buch von Genesis ist Sidon der Sohn von Canaan, einem Enkel Noahs. Die Stadt Sidon liegt im heutigen Libanon, in der Antike als Phoenicia bekannt. Die Phönizier reisten weit bis jenseits der Säulen von Hercules. Sie umsegelten Afrika und hatten sogar Verbindungen zu den britischen Inseln nach den Aufzeichnungen griechischer Historiker. Aber könnte es möglich sein, daß sie sogar viel weiter gingen?

Die meisten Archäologen können es immer noch nicht erklären wieso uralte Spuren von Drogen aus der 'Neuen Welt', wie Kokain und Tabak, in ägyptischen Mumien zu finden sind. Vielleicht wäre es möglich, daß die verschlossenen Phönizier – die ihre geheimen Handelswege streng bewachten – hinter diesem mysteriösen transatlantischem Handel steckten. In der Tat würde es mich nicht wundern, wenn sie hinter der falschen Propaganda einer 'flachen Erde' stünden. Absichtlich sollte damit Angst verbreitet warden, um den potenziellen Wettbewerb wegzulenken von dem was ein altes Handelsmonopol war. Denn die Templer wußten bereits mit Sicherheit, daß die Erde rund war, so wie es in der Kabbalah eindeutig beschrieben ist. (40)

FIGURE 10

Es gibt eine interessante Geschichte von einem Stein mit Eingravierungen, die den Phöniziern zugeschrieben werden, und der in Brasilien gefunden wurde. Es wurde berichtet, daß sie um Afrika segelten und an der Küste von Brasilien landeten im neunzehnten Jahr der Herrschaft von König Hiram, etwa 500 Jahre BC. Diese Eingravierungen sind bekannt geworden als der *Paraiba Stein von Brasilien mit alter phönizischer Steininschrift*. Die Übersetzung lautet:

◇◇

"Wir sind die Kinder von Kanaan aus Sidon vom Handelskreis des östlichen Königreiches. Wir sind hier gestrandet neben einem zentralen Land mit Bergen. (Hiermit) bete ich und offeriere meine Gabe an die Allerhöchsten Götter und Göttinnen im Jahre 19 des Königs Hiram. Ich flehe (noch) aus dem Tal von Ezion-Geber des Roten Meeres. Von dort reisten (wir) mit 10 Schiffen. Wir waren bestimmt zwei Jahre lang alle zusammen auf dem Land von Ham. Die Hand von Baal hat uns getrennt und wir blieben nicht länger mit unseren Gefährten zusammen. Bedenken sie doch, wir sind hierhergekommen zu diesem neuen Land, 12 Männer und 3 Frauen. In Demut beuge ich mich zu den höchsten Göttern und Göttinen zu welchen selbst reiche Menschen ihre Knie beugen (mit) überzeugter Hoffnung."

◇◇

Obwohl viele Skeptiker sagen, daß diese Geschichte nur ein Streich sei, gibt es auch keinen Mangel an unabhängigen Wissenschaftlern, die die seefahrenden Fähigkeiten dieser alten phönizischen Piraten verteidigen. Von *'Die phönizische Theorie'*:

◇◇

"Ibarra Grasso hat zwei phönizische Schiffe identifiziert auf den Mittelplatten des Tempels von Sechim, der in dem Casma Tal an der Küste von Peru gelegen ist. Diese Ruinen gelten allgemein als etwa 3000 Jahre alt. Noch außergewöhnlicher sind die Entdeckungen von Bernando Silva Ramos. (Ramos) verbrachte mehr als zwanzig Jahre im Regenwald des Amazons ... er fotografierte und kopierte 2,800 Steininschriften, identifizierte die meisten von ihnen als Phönizisch und andere als Griechisch. Der orientalische Gelehrte Lienhardt Delekat hat festgestellt, daß die Zeichen auf dem Paraiba Stein kanaanäischen Ursprungs sind. Der Stein, der

in vier Stücke zerbrach nachdem er auf einer Plantage entdeckt wurde, ist völlig verschwunden. Aber es wurden bereits Kopien der Inschrift gemacht bevor dies passierte. Die Entdeckung war am 11. September 1872 und könnte wohl der Beweis sein, daß phönizische Seefahrer Brasilien zweitausand Jahre vor der offiziellen Entdeck-ung Amerikas erreichten. Die Übersetzung von Lienhardt Delekat lautet folgendermaßen: Wir sind die Kinder von Kanaan, von der Stadt Sidon. Wir sind eine Nation von Händlern. Unser Schiff ist an dieser fernen bergigen Küste gestrandet und wir wollen ein Opfer and die Götter und Göttinnen bringen. Im 19. Jahr der Herrschaft von Hiram setzten wir Segel mit zehn Schiffen von Ezlon Geber durch das Rote Meer..." (41)

<><><><><><><><><><><><><><><><><><><><><><><><><><><><><><><><><><><><>

Die Phönizier hatten eine starke Präsenz in Nordafrika und auf der iberischen Halbinsel, vor allem bei den Säulen des Herkules und Gibral-tar. Archäologen haben einen Tempel für Herkules, heute Gorham Höhle genannt, am Eingang zum Mittelmeer gefunden. Viele Forscher glauben, daß die Doppelsäulen Boaz und Jachin von dem phönizisch entworfenen Salomon Tempel, tatsächlich die Säulen von Herkules darstellen, einem geheimen Symbol der Phönizier, welches in das Herz Jerusalems selbst ge-pflanzt wurde. (42)

Eine notorische geheime Gesellschaft an der Universität von Yale führt den Namen 'Skull and Bones' (Schädel und Knochen). Der Verband, der das Grundstück besitzt und die Organization übersieht, wird offiziell Rus-sell Trust Association genannt. Benannt nach General William Hunting-ton Russell, der einer der Mitbegründer des Vereins im Jahre 1832 war, zusammen mit Alphonso Taft, Vater von Präsident William H. Taft. Zuerst hielt die Gesellschaft ihre Sitzungen in gemieteten Hallen ab. Dann wurde 1856 die 'Tomb' (Gruft) gebaut, eine mit Weinreben bewachsene fenster-lose Sandsteinhalle. Dort halten die 'Bonesmen' (Knochenmäner) bis heute ihre seltsamen geheimen Initiationsriten und treffen sich alle zwei Wo-chen. Am 29. September 1876 brach eine Gruppe, die sich 'The Order of File and Claw' nannte, in das Allerheiligste der 'Skull and Bones'. Im 'Tomb' fanden sie das Lodge-Zimmer 324 *'ausgestattet mit schwarzem Samt, sogar die Wände waren mit dem gleichen Material bedeckt'*. Im Obergeschoß war Lodge-Zimmer 322, *'das Allerheiligste des Tempels, ausgestattet mit rotem Samt'*, mit einem Pentagramm an der Wand. In der Halle hingen *'Bilder der Grüder von Bones in Yale und von Mitgliedern der Gesellschaft in Deutschland, wo die Verbindung im Jahr 1832 gegründet wurde.'* (29)

Dr Cathy Burns ist die Autorin des Buches *'Darstellung von Freimaurern und Okkulte Symbolen'*. Ihre Interpretation von skull and cross-bones (Schädel und gekreuzten Knochen) ist eine, wie ich vermute, mit der die meisten Menschen in der Öffentlichkeit nicht vertraut sind:

"Das Zeichen, auf welches sich Konstantin bezog, war NICHT ein christliches Kreuz, sondern eine Form 'X' … In der modernen Magie ist es das Zeichen des getöteten und auferstandenen ägyptischen Gottes Osiris (eine andere Version des 'getöteten und auferstandenen Hiram Abif)". (34)

FIGURE 11

Während sich die Templer im Heiligen Land aufhielten, lernten sie die Kabbalah kennen, sowie die geheimnisvollen Lehren verschiedener jüdischer und Sufi Sekten. In der Hermetik Kabbalah beziehen sich der Schädel und die Knochen auf Chi-Ro, welches Zeit, Tod und Wiedergeburt symbolisiert. Nach dem Ägyptologen Sir Flinders Petrie was der Chi-Ro das Abzeichen des Ägyptischen Gottes Horus. Auf Münzprägungen jener Zeit und nach dem Tod von Konstantin ist der Chi-Ro zu sehen. Darunter ist eine Schlange abgebildet, die zu allen Zeiten als ein Symbol der Weisheit und Erleuchtung galt, besonders bei den Gnostikern und Alchemisten. In Sumer (ehemaliges Mesopotamien) ist ein identisches Symbol des Chi-Ro in Felsen eingeritzt, datiert 2500 BC, und wurde als eine Kombination der beiden Sonnen-Symbole interpretiert. (35)

Die Templer intergrierten auch die Mystik der Assassinen und deren perverses Praktikum in ihr System. Ihr christlicher Glaube gab Raum für okkultische Rituale und Schwarze Kunst Riten. Ihre Familien versteckten sich hinter einer christlichen Fassade. In seinen Büchern verfolgt der Autor David Livingston die Genealogie dieser alten okkulten Blutlinien. Sie beinhalten die Rothschilds, Habsburger, Sinclairs, Stuarts, Merovingians, Lusignans und die Windsors. (26) In Livingstons Worten:

"Vor dem Illuminati Orden gab es in Spanien um 1500 die 'Alumbrados', eine christliche Irrlehre, die von Krypto-Juden, genannt "Marranos', begonnen wurde. Der Gründer des Jesuitenordens, Ignatius von Loyola, war ein Marrano/Alumbrado. So wenn Leute sich heute darüber streiten, ob es die Jesuiten oder Zionisten sind die für unsere Probleme verantwortlich wären, sprechen sie eigentlich über die gleiche Bestie. Kabbalist Rabbi Isaac Luria, ein Anhänger Loyolas (des Krypto-Juden und Gründer der Jesuiten), verlautete den Grundsatz, alle hätten aktiv daran zu arbeiten, um die Prophezeiung zu erfüllen, d.h. die Erlösung durch sein Kommen [des Messias, d.h. Antichrist], welches eine Neue Welt Ordnung bedeutete." (26)

Kapitel 5

In einem berüchtigten Brief zu seinem Agenten in New York im Jahr 1863 charakterisierte der Rothschild Bankier John Sherman den Vorschlag der Illuminati, ihre okkulte Agenda durch die Nationalbank zu finanzieren, folgendermaßen:

"Die Wenigen, die das System verstehen, sind entweder so an Profiten interessiert oder so abhängig von Begünstigungen, daß es keine Opposition von dieser Klasse geben wird. Die grosse Masse des Volkes, geistig unfähig zum Begreifen, wird ihre Last tragen ohne zu klagen und vielleicht nicht einmal vermuten, daß das System zum Nachteil (im Gegensatz) ihres Interesses ist." (29)

Nach Edith Starr Miller umfaßte das Rothschild Syndikat jüdische Finanziers wie Daniel Itzig, Friedländer, die Goldsmids und Moses Mocatta. Sie stellt fest, daß:

*Die Ziele der Illuminati (Kommunismus und die Neue Welt Or-
der) würde die Zerstörung des Christentums, der Monarchien, der
Nationalstaaten bedeuten (zu Gunsten ihrer Weltregierung oder des
'Internationalismus'), der Abschaffung der Familienbande und der
Ehe durch die Förderung der Homosexualität und Promiskuität; das
Ende der Vererbung und des Privateigentums; und die Unterdrück-
ung jeglicher kollektiver Identität im falschen Namen der 'Univer-
sellen Menschlichen Brüderlichkeit', d.h. 'Vielfalt'."* (12)

Das umstrittene Buch des jüdischen Autors Dr. Henry Makow *'Illuminati: Der Kult der die Welt hijackte'* bietet eine direkte Zusammenfassung
der Illuminati Agenda, die eine ahnungslose Bevölkerung manipuliert und
ausnützt:

*"Die meisten Juden wissen nicht über die Illuminati Agenda Bes-
cheid. Sie werden manipuliert und benachteiligt, so wie jeder andere auch. Die Illuminati verstecken sich hinter dem Rücken der
gewöhnlichen Juden. Der 'Kult der die Welt hijackte' ist der winzige
Kern von kabbalistischen Bankiers und Masons, die ihren Sitz in
London haben unter der Regie des Hauses Rothschild. Das Judentum ist entführt worden.Ursprünglich beruhte das Judentum auf
der Vision von Gott als seiner universellen moralischen Macht.
Heutzutage bezieht sich das Judentum auf den Talmud. Er besteht
aus Interpretationen von 'Weisen' (Pharisäern), die während des
babylonischen Exils 586 BC bis 1040 AD lebten. Im Allgemeinen
widerspricht der Talmud dem Sinn von Moses, wird aber Vorrang
gegeben vor dem Alten Testament. Die 'Geheime Gesellschaft' erscheint als das Organisationsmodell für das Judentum, sowie die
Freimaurerei, den Zionismus und Kommunismus (das sind Fre-
imaurerorden). Im Wesentlichen täuscht und manipuliert die
Führung die Mitgliedschaft mit idealistisch klingenden Zielen.
Nur diejenigen, die zum Schlechten neigen (und die man deshalb*

erpressen kann), erfahren die wahre Agenda und werden erlaubt aufzusteigen." (13)

~~~~~~

Laut Dr. Makow steuern diese Elite-Bankiers die weltweiten Unternehmen, die Mainstream Medien, Nachrichtendienste, Think Tanks, Stiftungen und Universitäten, die von Bundesmitteln finanziert werden, und die für die Unterdrückung der Wahrheit verantwortlich sind. (13) Er macht geltend, daß die Förderung des Feminismus und Begünstigung nicht-weißer Minderheiten ein Teil der Agenda wäre, um den heterosexuallen christlichen Charakter der westlichen Gesellschaft zu untergraben. Genauso wären Masseneinwanderungen und Mischenehen bestimmt, so behauptet er, irgendwelche einheitliche Opposition zu vermindern und abzubauen. Seiner Ansicht nach wäre das Meiste von dem was als Moderne Kunst gilt (TV, Filme, Literatur, etc), sowie Politik, alles nur Propaganda einer klug angewandten Sozialwissenschaft. (13) Zum Beispiel seien 'Sexismus' und 'Rassismus' Schmachworte, die eigentlich bestimmt wären um Geschlecht und Rasse allmählich zu zerstören; 'Schuld' ist ihre große Waffe. Dr. Makow führt fort:

~~~~~~

"Heutzutage bekundet der britische, amerikanische und Zionistische Imperialismus die Agenda der Bankiers eine 'Weltregierung' durch die Zerstörung der Religion, Nation, Rasse und Familie. Diese Weltmachtpolitik drückt nicht die Interessen oder Wünsche des gewöhnlichen englischen, amerikanischen oder jüdischen Volkes aus, welches selbst kolonisiert wird. Die Rockefeller und Morgan Großkonzerne sind ein Teil des zentralen Bankkartells. Auf der höchsten Ebene antworten alle Geheimdienste (MI-6, CIA, Mossad, KGB) diesem Kartell, nicht ihrer nationalen Regierung." (13)

~~~~~~

Dr. Henry Makow, der sich selbst offen als ein assimilierte Jude bezeichnet, behauptet, daß der babylonische Talmud und die ketzerische Interpretationen der jüdischen Kabbalah zweifelos zum Antisemitismus beigetragen haben. David Bay, vom 'Cutting Edge Ministerium', spiegelt diese Meinung wieder:

"Die Kabbalah ist die Grundlage für alles heutige westliche okkulte Denken und Handeln. Sie ist der Grundstein des Glaubens für die Erleuchteten [Masters of the Illuminati] und ist gegenüber den nicht-kabbalistischen Juden feindlich gesinnt." (13)

In ihrem Buch *'Die jüdische Religion: ihr Einfluß heute'* (ursprünglicher Titel *'Der Plot gegen das Christentum'*) schreibt die Autorin und Verschwörungsforscherin Elizabeth Dilling:

"Das Benehmen, welches aus solchen Lehren resultierte, wurde von allen Nicht-Juden in allen Ländern und allen Jahrhunderten übel genommen. Solches Ressentiment wurde aber von den Juden immer als 'Verfolgung' der Juden dargestellt." (14)

Die Illuminate bestehen aus den Nachkommen der Tempelritter (Knights Templar) und ihrer verbündeten kabbalistisch-globalen Bankiersfamilien, wie das Rothschild Herrscherhaus. Sie idealisierten immer die griechischen Philosophen, währenddessen sie aberrierte Formen des Frankist-Luciferianismus (der zum inneren Kern gehörende Satanismus) praktizierten. Es war kein anderer als der Freimaurer-Führer selbst, Albert Pike, der zugab, daß Freimaurer den Luzifer (Lichtträger) oder Satan verehren:

"Der wahre Name des Satan sei der umgekehrte von Yahwe, sagen die Kabbalisten; denn Satan sei kein schwarzer Gott, sondern die Negation Gottes mit Luzifer, dem Lichtbringer! Ein fremder und mysteriöser Name für den Geist der Finsternis! Lucifer ist der Sohn des Morgens! Er ist es, der das Licht trägt, zweifle das nicht!" (17)

Die Kabbalah beschreibt des Erreichen der universellen Harmonie durch die Förderung der sexuellen Vereinigung von männlichen und weiblichen Gottheiten. Sie verkündet, daß 'die Erregung unten die Erregung oben provoziert'. Dies bildet die Grundlage für den Illuminati Sex Kult. Der Punkt in einem Kreis symbolisiert im Geheimen auch den Penis und die Vagina. (36) Manche Leute mögen glauben 'freier Sex' sei 'progressiv'. Die modernen Wurzeln dessen stammen aus der sexuellen und gegen-kulturellen Revolutionen der 1960er Jahre. In der Tat haben sich die Sabbatean Sekten seit 350 Jahren dem rituellen Austausch von Ehefrauen, Drogen, Sex-Orgien, Ehebruch und Inzest vollständig gewidmet. Sexuales Sichgehenlassen charakterisiert auch die kommunistische Philosophie, ein direktes Ergebnis des Sabbatean-Frankismus. Jacob Frank selbst hat seine schöne Frau an einflußreiche Männer verkuppelt. Die kommunistische Partei verwendete ihre weiblichen Mitglieder in der gleichen Weise. Adam Weishaupt, der Mitbegründer der Illuminaten, bekam seine Schwägerin schwanger. Diese 'Erleuchteten' geheimen Gesellschaften vollzogen religiöse ritualistische Sex Riten. Als Vorbild dienten die Lehren des sokratischen 'Kommunismus' des antiken Griechenlands. Sie wurden

FIGURE 12

später modernisiert und bekannt gemacht durch die Lehren von Aleister Crowley und seiner Sex Magick (Crowley buchstabiert 'Magick' mit einem 'K' zum Unterschied von der Magie der Bühnenillusionisten). (13)

Diese Sex-Kulte waren dem sokratischen Ideal sehr ähnlich. Alle Dinge wurden gemeinsam benützt, einschließlich ihrer Frauen und Kinder, insbesondere für sexuelle Zwecke. Die Jugend zu verderben war der eigentliche Grund wieso die Athener Socrates verurteilten und ihn zwangen 'hemlock' (Gift) zu trinken. (37)

Die Illuminati Bankiere brachten den Kommunismus hervor, um die Arbeiterklasse nutzbar zu machen für ihr Programm einer umfassenden Weltdiktatur (Globalisierung). Die Illuminati und Kommunisten sind geheime Freimaurer Gesellschaften, die den gleichen Geburtstag, den 1. Mai 1776, feiern und die die gleichen satanischen Symbole teilen. (13)

Georg Friedrich Wilhelm Hegel war ein deutscher Philosoph des 19. Jahrhunderts. Er entwickelte eine bestimmte Dialektik oder Methode der Argumentation zur Beilegung von Streitereien. Seine Methode, um an die Wahrheit zu kommen durch den Austausch von logischen Argumenten, ist ein Gedankenprozeß der bis heute noch benützt wird. Der Hegelianismus schreibt vor, um es einfacher auszudrücken, daß der menschliche Verstand nichts verstehen kann außer es sei denn in zwei gegensätzliche Polare aufgeteilt: Gut/Böse, Richtig/Falsch, Links/Rechts, usw. (26)

Wenn sich Leute zum Beispiel über zwei politische Parteien unterhalten, sei es Arbeiter oder Liberale Partei, was sie wirklich dabei meinen, ohne es zu wissen, ist eine These und Antithese auf der die Hegelsche Dialektik beruht. Die einzig wirkliche Debatte, die auftritt, besteht nur aus geringen Unterschieden zwischen den beiden Parteien. Nichts wird gesagt oder getan bezüglich der Probleme, ohne es zuvor von links und rechts zu diskutieren. (29)

Eine andere Art der Hegelschen Dialektik lautet: Problem, Reaktion, dann Lösung. Für fast alle wichtigen Ereignisse in der Geschichte ist die Hegelsche Dialetik verwendbar. Für das 'Problem': erzeuge eine Krise oder benütze eine bereits vorhandene, um den gewünschten Höhepunkt zu erreichen, gefolgt von der 'Reaktion', dem öffentlichen Aufschrei, wobei die Öffentlichkeit eine 'Lösung' verlangt, die von Anfang an vorbestimmt war. Denis Healey, der ehemalige britische Verteidigungsminister, sagte einmal:

"Weltereignisse passieren nicht zufällig. Sie werden erzeugt, sei es, ob es sich um nationale Fragen handelt oder dem Handel.; die meisten von ihnen sind inszeniert und werden von denen, die den Geldbeutel halten, gelenkt." (29)

In einem Artikel mit dem Titel *'Britische Freimaurerei begehrt Israel'*, behauptet der jüdisch-israelische Auto Barry Chamish, es würde keinen modernen Staat Israel geben ohne die britische Freimaurerei:

"In den 1860er Jahren wurde die britisch-israelische Bewegung innerhalb der Freimaurerei begonnen. Es war das Ziel einen jüdisch-freimaurererischen Staat in der türkischen Provinz Palästina auszubauen… Am Anfang stellten die britischen jüdischen Freimaurer Familien, wie die Rothschilds und Montefiores, das Kapital zur Verfügung, um die Infrastruktur für die zu erwartende Einwanderungswelle zu schaffen. Es war allerdings schwierig die Juden nach Israel zu locken. Sie bevorzugten das europäische Leben zu sehr, um es aufzugeben. Deshalb sollte Europa ein Alptraum werden für die Juden." (8)

Im Jahre 1891 veröffentlichte die *'Labour Leader'* Zeitung von Großbritanien die folgende Erklärung zum Thema der Rothschilds:

"Diese blutsaugende Mannschaft war die Ursache für unsägliches Unheil und Elend in Europa in diesem Jahrhundert. Sie hat ihren ungeheuren Reichtum hauptsächlich aufgetürmt durch das Schüren von Kriegen zwischen Staaten, die sich niemals hätten streiten sollen. Immer, wenn es in Europa Probleme gibt, wo immer Kriegsgerüchte zirkulieren und die Sinne der Menschen verzweifelt sind mit der Angst vor Veränderungen und Katastrophen, können Sie sicher sein,

daß eine Hakennase Rothschild seine Spiele irgendwo in der Region der Störung betreibt." (30)

〰〰〰〰〰〰〰〰〰〰〰〰〰〰〰〰〰〰〰〰〰〰〰〰〰〰〰〰〰〰〰〰〰〰〰〰

Kommentare wie dieses machten den Rothschilds Sorgen. Gegen Ende von 1800 erwarben sie die Reuters Nachrichtenagentur, so daß sie eine gewisse Kontrolle über die Medien haben könnten. Außerdem hatten die Rothschilds die Kontrolle über drei europäische Nachrichtenagenturen: Wolff (gegr. 1849) in Deutschland, Reuters (gegr. 1851) in England und Havas (gegr. 1835) in Frankreich. (30)

In 1913 bildete Jacob Schiff die Anti Defamation League (ADL) in den Vereinigten Staaten. Er gründete diese Organisation um jeden, der die globale Rothschild Verschwörung in Frage stellte oder angriff, als antisemitisch zu verleudmen. Seit ungefähr dieser Zeit wird in den Medien nur selten von den Rothschilds berichtet, weil sie die Medien besitzen. (30)

Am 22. Dezember 1913 stimmte der Kongress über den *Rothschild Federal Reserve Act* zwischen 1.30 und 4.30 Uhr morgens ab. Woodrow Wilson, der Präsident, der das Gesetz unterzeichnete welches die '*Federal Reserve* ' hervorbrachte, schrieb später, als ob er seine Entscheidung bereute:

〰〰〰〰〰〰〰〰〰〰〰〰〰〰〰〰〰〰〰〰〰〰〰〰〰〰〰〰〰〰〰〰〰〰〰〰

"Eine große Industrie Nation wird durch ihr Kreditsystem kontrolliert. Unser Kreditsystem ist in privaten Händen konzentriert. Daher sind alle unsere Aktivitäten, das Wachstum unserer Nation, in den Händen einiger weniger Männer. [W]ir sind eine Regierung geworden, die am Schlechtesten regiert, am meisten kontrolliert und dominiert ist in der zivilisierten Welt, nicht länger eine Regierung der freien Meinung, nicht länger eine Regierung der Überzeugung und der Abstimmung der Mehrheit, sondern eine Regierung, die abhängig ist von der Auffassung und dem Zwang kleiner Gruppen dominanter Männer." (30)

〰〰〰〰〰〰〰〰〰〰〰〰〰〰〰〰〰〰〰〰〰〰〰〰〰〰〰〰〰〰〰〰〰〰〰〰

Kapitel 6

In 1917 wurde Chaim Weizmann der Präsident der britischen zionistischen Förderation. Er arbeitete zusammen mit Großbritanniens Außenminister Arthur James Balfour an dem Meilenstein der 'Balfour Deklaration'. Sie legte schriftlich nieder, daß die Briten den Rothschild-Zionisten Palästina geben würden im Austausch für Amerika, welches gegen Deutschland in den Krieg gezogen we rden sollte:

"Die Regierung Seiner Majestät betrachtet mit Wohlwollen die Gründung einer nationalen Heimstätte für das jüdische Volk in Palästina, und wird nach besten Kräften die Erreichung dieses Zieles erleichtern." (11)

Die Presse veröffentlichte den Brief eine Woche später, und die *'Balfour-Erklärung'* wurde danach in den Friedensvertrag mit dem Osmanischen Reich und dem Mandat für Palästina aufgenommen. Das originale Dokument wird in der *'British Library'* aufbewahrt. Der Grund, wieso Amerika am Ersten Weltkrieg teilgenommen hat, der direkt zur Niederlage und Zer-

PALESTINE FOR THE JEWS.

OFFICIAL SYMPATHY.

Mr. Balfour has sent the following letter to Lord Rothschild in regard to the establishment of a national home in Palestine for the Jewish people :—

I have much pleasure in conveying to you, on behalf of his Majesty's Government, the following declaration of sympathy with Jewish Zionist aspirations which has been submitted to and approved by the Cabinet :—

His Majesty's Government view with favour the establishment in Palestine of a national home for the Jewish people, and will use their best endeavours to facilitate the achievement of this object, it being clearly understood that nothing shall be done which may prejudice the civil and religious rights of existing non-Jewish communities in Palestine, or the rights and political status enjoyed by Jews in any other country.

I should be grateful if you would bring this declaration to the knowledge of the Zionist Federation.

FIGURE 13

störung Deutschlands führte, basierte auf einer förmlichen Vereinbarung zwischen Großbritannien und Herrn Rothschild. Palästina wurde als eine neue jüdische Heimat versprochen im Austausch für Amerikas Eintritt in den Krieg.

Die Friedenskonferenz von Versailles, die 1919 stattfand, bestimmte die Reparationen, die die Deutschen den Siegern nach dem Ersten Weltkrieg zu zahlen hatten. Eine Delegation von 117 Zionisten, geleitet von Bernard Baruch, brachte das Thema von Palästina zur Sprache. Zu diesem Zeitpunkt wurde es den besiegten Deutschen klar, warum sich Amerika politisch und militärisch gegen sie gewandt hatte, und unter wessen Einfluß, nämlich der Rothschilds. (8, 9, 30)

Die Deutsche spürten natürlich, daß sie von den Zionisten betrogen worden waren. Deutschland war das freundlichste Land in der Welt gegenüber den Juden gewesen zu der Zeit, als die Rothschilds dieses Abkommen mit Großbritannien für Palästina machten. Das deutsche Emanizipations Edikt von 1822 garantierte den Juden in Deutschland die gleichen Bürgerrechte wie sie die Deutschen hatten. Deutschland war auch das einzige Land in Europa, daß den Juden keine Beschränkungen auferlegte. Es gab ihnen sogar Zuflucht, als sie aus Rußland zu fliehen hatten, nachdem der erste versuchte kommunistische Putsch dort scheiterte in 1905. (30)

Benjamin H. Freedman, in 1890 geboren, war ein erfolgreicher jüdischer Geschäftsmann in New York City, der zu einer Zeit der Haupteigentümer der Woodbury Soap Company war.Seit 1945 benützte er einen Hauptteil seines beträchtlichen Vermögens, mindestens 2.5 Millionen US-Dollar, um die Willkürherrschaft in die die Vereinigten Staaten verwickelt war, aufzudecken. Herr Freedman kannte persönlich Bernard Baruch, Samuel Untermeyer, Woodrow Wilson, Franklin Roosevelt, Joseph Kennedy, John F. Kennedy und viele andere einflußreiche Leute unserer Zeit. Der folgende Auszug stammt au seiner verkürzten Rede von Herrn Freedman, die er vor ausverkauftem Publikum im Willard Hotel in Washington, DC , 1961 hielt:

"Der Erste Weltkrieg ist im Sommer 1914 ausgebrochen. Innerhalb von zwei Jahren hatte Deutschland den Krieg gewonnen: nicht nur nominell gewonnen, sondern tatsächlich gewonnen. Die deutschen U-Boote waren eine Überraschung für die Welt. Sie hatten alle Schutzbegleitungen der Schiffe vom Atlantischen Ozean weggefegt. Großbritannien stand da ohne Munition für seine Soldaten, es musste feststellen, daß es nur noch für eine Woche Nahrungsmittelvorräte hatte, und danach der Hungertod. Zur gleichen Zeit meuterte die französische Armee. Sie hatte 600,000 der Elite ihrer französichen Jugendlichen verloren bei der Verteidigung von Versailles an der Somme. Die russische Armee hatte Abtrünnige. Sie packten ihre Sachen zusammen und zogen Heim, sie wollten nicht länger Krieg spielen. Ausserdem war die italienische Armee zusammengebrochen. Kein Schuß war auf deutschem Boden abgefeuert worden. Nicht ein einziger feindlicher Soldat hatte die Grenze nach Deutschland überquert. Und doch, hier war Deutschland und offerierte England Friedensbedingungen. Sie boten England einen Verhandlungsfrieden an. Die Anwälte nennen dies 'status quo ante basis', was bedeutet: 'Lasst uns den Krieg beenden und alles soll so sein wie es war bevor der Krieg began.' Im Sommer 1916 zog England dies in Betracht. Im Ernst! Sie hatten keine Wahl als entweder diesen Verhandlungsfrie-

den anzunehmen, den Deutschland so großmütig anbot, oder den Krieg weiterzuführen und total geschlagen zu werden.

Während dies vor sich ging, wandten sich die Zionisten in Deutschland an das britische Kriegskabinett und – ich werde mich kurz fassen, denn dies ist eine lange Geschichte, aber ich habe alle Dokumente, um jede meiner Aussagen zu beweisen, falls jemand hier neugierig ist oder nicht glaubt, daß das was ich sage überhaupt möglich ist – die Zionisten gingen zum britischen Kriegskabinett und sagten: 'Schauen Sie mal, Sie können diesen Krieg noch gewinnen. Sie müssen nicht aufgeben. Sie müssen nicht den Verhandlungsfrieden akzeptieren, den Deutschland Ihnen angeboten hat. Sie können diesen Krieg gewinnen, wenn die Vereinigten Staaten Ihr Verbündeter wird.' Die Vereinigten Staaten waren zu diesem Zeitpunkt nicht am Krieg beteiligt. Wir waren munter, wir waren jung, wir waren reich, wir waren mächtig. Sie [die Zionisten] sagten zu England: 'Wir garantieren die Vereinigten Staaten als Ihren Verbündeten in den Krieg zu bringen, um mit Ihnen auf Ihrer Seite zu kämpfen, wenn Sie uns Palästina versprechen nachdem Sie den Krieg gewonnen haben'. Jedoch hatte England ebenso wenig das Recht Palästina jemandem zu versprechen, als zum Vergleich die Vereinigten Staaten haben würden, Japan an Irland aus welchem Grund auch immer zu versprechen. Es ist absolute absurd, daß Großbritannien – welches nie irgendeine Verbindung oder jegliches Interesse oder sonstiges Recht hatte in dem, was als Palästina bekannt war – es anbieten sollte wie eine Münze des Bereichs, um die Zionisten damit zu bezahlen, daß die Vereinigten Staaten in den Krieg gebracht würden. Allerdings machten sie dieses Versprechen im Oktober 1916. Damals waren die Vereinigten Staaten, die fast völlig pro-deutsch waren – völlig pro-deutsch, weil ihre Menschen in der Mehrzahl aus Deutschland kamen, und sie wollten, daß Deutschland den Zar besiegen würde. Da aber die Zeitungen von Juden kontrolliert wurden, die Bankiers Juden waren, alle Medien der Massenkommunikation in diesem Land von Juden über-

wacht waren, änderte sich plötzlich alles - wie eine Verkehrsampel, die von rot auf grün wechselt.

Während die Zeitungen früher pro-deutsch gewesen waren, indem sie dem Volk berichteten von Deutschlands kommerziellen Schwierigkeiten, um Großbritannien zu bekämpfen, und in anderen Dingen, ganz plötzlich waren die Deutschen nicht mehr gut. Sie waren Schurken. Sie waren Hunnen. Sie schossen auf Rote Kreuz Schwestern. Sie hackten die Hände von Babies ab. Und sie waren nicht gut. Nun, kurz danach erklärte Herr Wilson Deutschland den Krieg. So war es, daß die Vereinigten Staaten an dem Krieg teilnahmen. Wir hatten nicht mehr Ursache dabei zu sein, als heute abend auf dem Mond zu sein anstatt in diesem Raum. Wir sind dorthin gegangen – wir wurden damit überfahren – wenn ich vulgar sein darf, wir wurden hineingesaugt – in diesen Krieg. Und nur deshalb, damit die Zionisten der Welt Palästina erhalten würden. Nun, das ist etwas, was den Menschen in den Vereinigten Staaten noch nie erzählt wurde. Sie wußten nie warum wir an dem Ersten Weltkrieg teilgenommen haben. Nachdem wir im Krieg waren, gingen die Zionisten zu Großbritannien und sagten: 'So, wir haben unseren Teil der Vereinbarung gehalten. Geben Sie uns etwas schriftlich, das zeigt, daß Sie sich an ihr Abkommen halte,n und uns Palästina geben nachdem Sie den Krieg gewonnen haben! Die 'Balfour-Erklärun' war Großbritanniens Versprechen, die Zionisten zu bezahlen für deren Zustimmung, die Vereinigten Staaten in den Krieg zu ziehen.Die Vereinigten Staaten gingen in den Krieg. Die Vereinigten Staaten zerschmetterten Deutschland. Wir waren dort, und es ist Geschichte.

Dann, als der Krieg zu Ende war und die Deutschen nach Paris gingen zur Pariser Friedenskonferenz in 1919, gab es dort 117 Juden. Sie stellten eine Delegation der Juden dar, unter der Leitung von Bernard Baruch. Ich war dort: ich sollte es wissen. Was passierte jetzt? Als sie Deutschland zerstückelten und Europa zerteilten an alle diese Nationen, die ein Recht auf einen bestimmten Teil des europäischen Territoriums beantragten, sagten die Juden an der Friedenskon-

ferenz: 'Wie wäre es mit Palästina für uns? Und sie legten zum er-
sten Mal, nach dem Wissen der Deutschen, diese Balfour-Deklara-
tion vor. So wurde es den Deutschen zum ersten Mal klar: 'Ach so,
das war das Spiel! Deshalb kamen die Vereinigten Staaten in den
Krieg!' Und so kam es den Deutschen klar ins Bewußtsein, daß sie
besiegt waren. Sie hatten diese schreckliche Wiedergutmachung, die
ihnen aufgehalst wurde, zu erleiden, nur weil die Zionisten Palästi-
na haben wollten und entschlossen waren, es um jeden Preis zu be-
kommen.

Als die Deutschen dies erkannte,n waren sie natürlich verärgert. Bis
dahin hatten die Juden es nie besser gehabt in irgendeinem Land der
Welt als in Deutschland. Den Juden ging es sehr gut in Deutschland.
Kein Zweifel darüber. Nun fühlten sich die Deutschen betrogen: 'denn
das war ein ziemlicher Reinfall'. Das war es, was die Deutschen über
die Juden dachten: 'Wir waren doch so nett zu ihnen'; als die Juden
in 1905 aus Rußland fliehen mußten, weil die erste kommunistische
Revolution in Rußland fehlschlug, und sie alle nach Deutschland
kamen. Und Deutschland gab ihnen Zuflucht. Und man behan-
delte sie sehr nett. Und dann beschwindelten sie Deutschland aus
keinem anderen Grund, als daß sie Palästina als sogenanntes 'jü-
disches Gemeinwesen' haben wollten. Denn es stimmt doch nicht,
daß die Deutschen auf einmal in 1919 feststellten, dass ein Glas jü-
disches Blut besser schmecke als Coca-Cola oder Münchner Bier. Ein
religiöses Gefühl war da nicht dabei. Es gab kein religiöses Gefühl
gegen dieses Volk allein wegen seines Glaubens. Es war rein politisch.
Niemand kümmerte sich in Deutschland, ob ein Jude heimging, die
Vorhänge zuzog und betete 'Shema Yisrael' oder 'Unser Vater'. In
Deutschland achtete man genausowenig darauf wie es in den Verein-
igten Staaten der Fall ist. Das Gefühl, welches sich später entwick-
elte, war wegen einer Sache: die Deutschen hielten die Juden für ihre
vernichtende Niederlage verantwortlich, denn aus keinem anderen
Grund war der Erste Weltkrieg gegen Deutschland geführt worden,
für den sie [die Deutschen] verantwortlich gemacht wurden. Sie hat-

ten keine Schuld. Als Deutschland realisierte, daß die Juden für ihre Besiegung verantwortlich waren, waren sie natürlich aufgebracht. Aber kein Haar auf dem Kopf eines Juden wurde gekrümmt. Kein einziges Haar. Nun versuchten die Juden diese Tatsache zu verschweigen. Sie wollten nicht, daß die Welt wirklich gewahr wurde, daß sie Deutschland verkauft hatten, und daß die Deutschen dies übel nahmen." (44)

◇◇

Dies wird nicht in staatlichen oder von Bundesmitteln finanzierten Schulen unterrichtet. Dies war jedoch DER grosse Verrat, von dem Hitler immer sprach in seinen wohl angenommenen Reden, sogar lange bevor er irgend eine politische Macht hatte. Dies ist warum die Öffentlichkeit von ihm angetan war, nicht weil sie rassistisch war. Hitlers Chauffeur war ein Jude, ebenso seine Köchin. Die deutsche Feindseligkeit und der Groll gegen das organisierte Judentum und die Freimaurerei war nicht auf arischer Überlegenheit basiert, sondern es war die Reaktion auf diese geheime Freimaurerverschwörung.

'Forces Occultes' (Okkulte Kräfte – mit dem Untertitel *'Die Geheimnisse der Freimaurerei zum ersten Mal auf dem Bildschirm enthüllt'*) ist ein französicher Film, der 1943 produziert wurde von einem ehemaligen Freimaurer, der nach dem Krieg dafür <u>hingerichtet</u> wurde. Der Film handelt über das Leben eines jungen Politikers, der sich mit den Freimaurer verbindet. Das *'Institute for Historical Review's, (IHR)'* beschreibt den Film folgendermaßen:

◇◇

"Diese französische Production aus dem Jahr 1943 ist vielleicht der wichtigste Anti-Freimaurer Spielfilm aller Zeiten. Er erzählt die Geschichte eines jungen Mitglieds des französischen Parlaments, der sich auf das Drängen seiner Kollegen mit der Freimaurerloge verbindet. Obwohl dieser Film mit deutscher Ermutigung und Unterstützung gemacht wurde, widerspiegelt er dennoch die allgemeine französische Stimmung. Nach Frankreichs 'Befreiung' wurden der Regisseur des Filmes, dessen Produzent und Drehbuchautor streng

bestraft (mit Gefängnis) für ihre Rollen in dieser Production. Der Direktor Jean Many (Paul Riche), ein ehemaliger Freimaurer, wurde zum Tode verurteilt und hingerichtet. Der Film ist mit englischen Untertiteln versehen." (38)

Occult Forces (Okkulte Kräfte) war der letzte Film den Paul Riche leitete vor seiner ungerechten Hinrichtung. Die Gesamtlaufzeit beträgt nur etwa 50 Minuten und der Film ist kostenlos online zu sehen. (38)

FIGURE 14

Kapitel 7

Wir sind alle bekannt mit der Darstellung Hitlers, wie sie die Welt verstehen soll durch die von Rothschilds kontrollierte Massenmedienl. Hitler wird beschrieben als die 'übelste' Person, die je gelebt hat. Er hätte Kriege unnötigerweise begonnen und verursachte das Niedermetzeln von Millionen unschuldiger Menschen. Die gleiche Geschichte wurde in Hollywood seit Jahrzehnten wiederholt. Man kann inzwischen mit Sicherheit sagen, daß Milliarden von Dollar ausgegeben wurden, um zwei der Nachkriegsgeneration des Zweiten Weltkriegs von dieser Schwarz/Weiß, Gut gegen Böse Perspektive des Nazi Regimes zu überzeugen. Was ist, wenn es nicht ganz korrekt ist?

Nach dem Studium der Arbeit anderer, die die Geschichte in einer unvoreingenommenen Art dolumentierten, wie auch derjenigen, die Menschen interviewt haben, die in der Nähe von Hitler arbeiteten und lebten, glaube ich, daß es starke Hinweise gibt, daß das, was uns erzählt wurde, äußerst ungenau ist. Als Hitler an die Macht kam, hatte das deutsche Volk keine Arbeit, kein Geld, und war am Hungern wegen der grausamen und brutalen Reparationen, die Deutschland nach dem Ersten Weltkrieg auferlegt wurden. Eine Schubkarre voll von 100 Milliarden gedruckten

Banknoten konnte damals noch nicht einmal einen Laib Brot kaufen. Viele Deutschen lebten in Baracken, nachdem unzählige Häuser und Bauernhöfe von den Rothschild/Rockefeller kontrollierten Banken beschlagnahmt worden waren. In seinem 1967 erschienenem Buch 'The Magic of Money' (Die Magie des Geldes), verlautete Dr. Hjalmar Horace Greeley Schacht, Hitlers Reichsbankpräsident, das große Geheimnis:

"Die dramatische Abwertung der Mark begann kurz nachdem die Reichsbank 'privatisiert' oder privaten Investitoren ausgeliefert wurde." (45)

Mit anderen Worten, es war nicht die deutsche Regierung, die für die Hyperinflation der Nachkriegsjahre verantwortlich war, sondern es war die Zentralbank Deutschlands, die im Privatbesitz war, und das Monopol hatte über die Erzeugung des Geldes. Deutschlands Wirtschaft war zerrüttet und am Boden zerstört durch die Bankiers, bis Hitler kam.

Während Hitlers Zeit als Kanzler von Deutschland weigerte er sich Ball zu spielen mit den Rockefeller-Rothschild-Regeln. Statt dessen prägte er Deutschlands eigene Währung, als Reichsmark bekannt, die schuldenfrei war und unkontrollierbar durch internationale finanzielle Interessen. Er brachte das korrupte, auf Schulden basierende Finanzsystem, in Ordnung. Er durchkreuzte völlig die internationalen Bankkartelle, indem Deutschland seine eigene Währung druckte, anstatt einer Kreditaufnahme mit Zinsen von einer Rothschild Bank (welches zur Zeit der Fall ist in Amerika unter der Federal Reserve oder FED). Hitler erhob Deutschland aus der abscheulichen wirtschaftlichen Depression, die gegen sie verhängt war, und begann ein Jahrzehnt des selbstbestimmten Wachstums und Wohlstands. (29, 30) Deutschland begann völlig schuldenfreie Finanzierungen zu offerieren für den Bau neuer Straßen, Brücken, Dämme, Kanäle, Hafenanlagen und der dringend benötigten Reparatur von öffentlichen und privaten Gebäuden. Keines der öffentlichen Gelder, das Nazi Deutschland ausstellte, hatte irgenwelche Zinsen an die internationalen Bankiers abzugeben.

Hitler arrested Baron Louis de Rothschild

Germany Reported Not Satisfied With $600,000 for Release of Rothschild

LONDON, Aug. 20 (CP-Havas)—German authorities are not satisfied with a £129,000 (almost $600,000) "ransom" offered for the release of Baron Louis de Rothschild and have demanded control of the Witkowitz works, biggest industrial concern in Czechoslovakia, in addition to the money, according to The Daily Herald (Labor).

The Austrian Rothschilds offered the £129,000 for the release of the noted financier, held by the Nazis since Austro-German anschluss, the newspaper said, The French branch of the family also declared itself willing to make a considerable contribution, it added.

MAJORITY SHAREHOLDERS

The Austrian Rothschilds were said to hold 51 per cent of all the shares of the Witkowitz concern. The remainder of the shares is owned by a Czech bank which purchased them from another Austrian family, the Gutmans, for £6,000,000. The Daily Herald asserted.

The attitude taken yesterday by Magistrate Herbert Metcalfe when he sentenced three German refugees to six-month prison terms at hard labor for having illegally entered Great Britain was criticized by the press today.

Mr. Metcalfe declared: "The way stateless Jews from Germany are pouring in from every port of this country is becoming an outrage. I intend to enforce the law to its fullest."

FIGURE 15

Wie Hitler sagte: "Für jede Mark, die ausgestellt wird, verlangen wir den Gegenwert von einer Mark geleisteter Arbeit oder produzierte Waren." Das Problem der Arbeitslosigkeit war innerhalb von nur zwei Jahren gelöst worden und brachte Deutschland wieder auf die Beine. Es ist behauptet worden, daß Hitlers Erfolg bei der Wiederbelebung der Wirtschaft seines Landes auf den Staatsausgaben für die Aufrüstung basiert war. Das ist ein Mythos. Der renommierte britische Historiker A.J.P. Taylor notierte:

"Die wirtschaftliche Erholung Deutschlands, welche bei 1936 vollständig war, ruhte nicht auf der Aufrüstung; sie war vor allem begründet auf verschwenderische Ausgaben für öffentliche Stellen, vor allem Autostrassen. Diese öffentlichen Ausgaben stimulierten gleichfalls die privaten Ausgaben, wie es [der britische Ökonome John Maynard] Keynes sagte, daß es so kommen würde ... während fast alle anderen in Europa einen großen Krieg erwarteten, war Hitler der Einzige, der ihn weder erwartete noch plante." (43)

Wenn Amerika seine Währung verstaatlichen würde, so wie Hitler es für Deutschland getan hat, würden effektiv alle Verbindungen mit internationalen Bankiers getrennt warden, und die Manipulation seiner Regierung und Wirtschaft wäre beendet und man würde schuldenfrei leben. So wie Hitler eine schuldenfreie Währung für Deutschland erstellte, so etablierte Abraham Lincoln ein zinsloses Banksystem in den Vereinigten Staaten als er Präsident war, und er wurde dafür ermordet. Der ehemalige US-Präsident Andrew Jackson erstellte eine zinsfreie Währung, und zwei Schüsse wurden in einem Attentatversuch auf seinen Kopf gefeuert (die Schüsse fehlzündeten und er überlebte). John F. Kennedy erteilte eine zinsfreie Währung während seiner Präsidentschaft und traf einen frühen Tod.

In seinem 1976 erschienenem Buch '*Das zwölfjährige Reich*' erklärte R. Grünberger, daß es währen der Hitlerzeit ein signifikantes Absinken gab in der Zahl der Morde, Raube, Diebstähle, Unterschlagungen und des Mundraubs. Viele Ausländer waren beeindruckt von den verbesserten Aussichten und der Gesundheit der Deutschen, unter ihnen Sir Arnold Wilson, ein britischer MP, der Deutschland sieben Mal nach Hitlers Machtübernahme besuchte. Wilson schrieb:

"Die Kindersterblichkeit ist stark reduziert worden und ist wesentlich niedriger als die in Großbritannien. Tuberkulose und andere Krankheiten sind merklich vermindert. Die Strafgerichte haben noch nie so wenig zu tun gehabt und es gab noch nie so wenige Insassen in den Gefängnissen. Es ist eine Freude die körperliche Eignung der deutschen Jugend zu beobachten. Selbst die ärmsten Personen sind jetzt besser gekleidet als es früher der Fall war, und ihre Gesichter zeugen von der psychologischen Verbesserung, die in ihnen vervorgebracht worden ist."

Eine wesentliche Weltanschauung in Deutschland war zu der Zeit, daß alle Bürger den gleichen Lebensstandard teilen sollten. In diesem Sinne brachte Nazi Deutschland eines der größten öffentlichen Wohlfahrtsprogramme in der Geschichte hervor, unter dem Motto: 'Keiner soll hungern noch frieren'. Jedes Jahr gingen hochrangige Nazis und Bürger auf die Strasse, um Freigebigkeit einzusammeln für die Unglücklichen. Dies erzeugte ein Gefühl der Kameradschaft zu den Bedürftigen.

Kapitel 8

ie erste öffentliche Erwähnung des Wortes Holocaust mit Bezug
auf den Zweiten Weltkrieg kam bereits 1936 von dem Führer des
Arbeitszionismus, Chaim Weizmann, während seiner Ansprache
an den Zionistischen Weltkongress. Weizmann, der später Israels erster
Präsident werden sollte, machte 1936 den folgenden schrecklichen Ausspruch:

> *"Vielleicht werden nur 2 Millionen Juden den kommenden Holocaust überleben (ja, er verwendete das Wort), aber sie werden stark und gut sein für das Land Israels. Der Rest wird in den Staubhaufen der Geschichte geblasen werden."* (20)

Der Begriff 'Holocaust' wird viel zu oft ohne Rücksicht auf seine wahre Bedeutung verwendet. Rabbi Marvin Antelman sagte lange vor dem Zweiten Weltkrieg, der religiöse Begriff bedeute 'Brandopfer', so wie ein Opfer. (11). Er zitiert Bruno Bettelheim, der sagte:

"Den höchst gefüllosen, brutalen, schrecklichsten, abscheulichsten Massenmord ein 'Brandopfer' zu nennen ist ein Sakrileg, eine Profanierung von Gott und Mensch."
(11)

Wessen Opfer war es? Zu welchem Zweck? Offensichtlich hat es etwas zu tun mit der okkulten

FIGURE 16

politischen Agenda der Sabbatean-Frankisten. Wie der jüdische Autor Henry Makow erklärt, jedesmal, wenn wir dieses Wort benützen, schließen wir uns unwissentlich ihrem Frevel an. (13)

In seinem Buch *'Arbeitszionismus und der Holocaust'*, veröffentlicht in 2005, stellt Shabtai Tzvi dem israelischen Autor Barry Chamish eine heikle Frage und offeriert dann eine Antwort, die kaum jemals von den Mainstream Medien oder den Wissenschaftlern diskutiert wird:

"In 1932 gab es wieviele Organisationen, die das deutsche Judentum repräsentierten? Über 250. Im Jahre 1933 gab es wieviele? Eine, und nur eine, den Arbeitszionismus." (8)

Rothschilds Vermögen und die Macht der Jesuiten leiteten die sogenannte Aufklärung ein. Das endgültige Ziel der Aufklärung war es, einen Zustand der Sabbatean-Frankisten in dem historischen Land der Juden zu etablieren. Um die Idee zu schüren, mußte das Leben für die europäischen Juden so unerträglich werden, daß es für sie als die beste Option erscheinen würde nach Palästina zu fliehen. Aber war dieser Plan eine Verschwörungstheorie oder ist diese Verschwörung eine dokumentierte Tatsache?

Theodor Herzl, der Vater des modernen Zionismus, behauptete, daß die Gründung eines 'jüdischen' Staates den Antisemitismus heilen würde.

Gleichzeitig aber **förderte** er den Antisemitismus, um seine Angelegenheit zu
fördern. In seinem veröffentlichten Tage-
buch erklärte Herzl ganz kühn:

*"Es wäre eine ausgezeichnete Idee,
geachtete, anerkannte Antisemiten
als die Liquidatoren von Eigentum zu
ernennen … Die Antisemiten würden
unsere zuverlässigsten Freunde, die an-
tisemitischen Länder unsere Verbündeten."* (21)

FIGURE 17

Der israelische Historiker Benny Morris hat aufgezeichnet, wie Herzl
es vorraussah und in verdeckten Weisen kalkulierte, wie den Antisemitismus nutzbar machen könnte und wie er nutzbar wäre für eine weitere
Beschleunigung, um die politischen Ziele des Zionismus zu verwirklichen.
Er erklärte, daß:

*"Herzl betrachtete den Triumph des Zionismus als unvermeidlich.
Nicht nur, weil das Leben in Europa immer mehr unhaltbar wurde
für die Juden, sondern auch, weil es in Europas Interesse war die
Juden los zu werden und vom Antisemitismus entlastet zu sein: die
europäischen Interessen wurden schließlich überredet den Zionismus zu fördern. Herzl erkannte, daß der Antisemitismus nutzbar
gemacht werden konnte für seine eigenen Zwecke."* (22)

Nach Ansicht des Historikers Christopher Jon Bjerknes war die jüdische Unterstützung das Einzige, was in dem Plan von Rothschild fehlte,
um eine Weltregierung in Jerusalem zu schaffen mit einem regierenden
Rothschild als König.

"Sie waren in der Lage Ägypten und die Türkei bankrott zu machen. Sie konnten Rußland zu Ruinen vernichten. Sie konnten jüdische Tunichtgute kaufen. Sie konnten sogar den Pabst kaufen. Aber der einzige Weg, um Juden in grosser Zahl nach Palästina zu zwingen, war Hitler und Stalin an die Macht zu bringen und die Juden verfolgt zu lassen in einem massiven und beispiellosem Ausmaß." (25)

Der jüdische Autor Barry Chamish, der im Sommer 1982 im Libanon im Krieg mit den israelischen Streitkräften käpfte, und dessen Großeltern in einem Konzentrationslager in Polen starben, veröffentlichte in seinem Buch, daß:

"Wir sind jetzt im Jahre 1933. Weniger als 1% der deutschen Juden unterstützen den Zionismus. Viele versuchten dem Nationalsozialismus zu entrinnen per Schiff zu latein- und nordamerikanischen Häfen. Aber die internationale diplomatische Beordnung lautete, sie umkehren zu lassen. Jeder deutsche Jude, der sich weigerte nach Palästina zu gehen, wurde zurück in den Tod geschickt." (8)

Bei 1934 war der Mehrheit der Juden die Botschaft klar, und sie wandten sich an die einzige jüdische Organisation, die von den Nazis erlaubt war, die Labour Zionisten. Zur Bestätigung der Verschwörung zwischen denen und Hitlers Regime lesen Sie das *'Transfer Agreement'* (Versetzungsabkommen) von Edwin Black, *'Perfidy'* (Verrat) von Ben Hecht oder *'The Scared and the Doomed'* (Die Ängstlichen und die Verdammten) von Jacob Nurenberger. Nach Chamish würde das abgeschlossene Abkommen etwa so aussehen:

"Die deutschen Juden werden zuerst in den Bolschewismus indoktiert, während sie sich in Lagern vom Arbeiterzionismus befinden.

Und dann, mit britischer Genehmigung, werden sie nach Palästina weitergeleitet." (8)

◇◇

Unter dem Nürnberger Gesetz von 1935 wurden nur zwei Flaggen in Nazi Deutschland zugelassen: die eine war das Hakenkreuz, die andere war die blau und weiße Fahne des Zionismus. Wie Lenni Brenner in ihrem Buch *'Zionismus im Zeitalter der Diktatoren'* schreibt, war die zionistische Partei die einzige andere Partei in Nazi Deutschland, die ein gewisses Maß an Freiheit genoß. Zionisten und Nazis hatten ein gemeinsames Interesse, welches sich zu einer formellen Partnerschaft entwickelte: die Juden nach Palästina zu bewegen. (30)

Die pro-Eugenik Labour Zionisten erhielten die Juden, die sie wollten (durch deren Ausbildung in der Landwirtschaft in Nazi Lagern), und ließen Millionen von orthodoxen religiösen Juden (diejenigen, die gegen den politischen Rothschild Zionismus waren) und andere Nicht-Frankisten untergehen in Europa, während ihr Vermögen liquidiert wurde und anschließend in den Namen der Labour Zionisten übertragen wurde (siehe das 'Transfer Agreement'). (19)

Während die nicht-zionistischen Juden Europas in Lebensgefahr waren, provozierten die zionistischen Führer in Amerika Hitler und machten ihn wütend. Sie begannen in 1933 mit der Einleitung ihre weltweiten Boykotts von Nazi Waren. Chaim Weizmann, der zionistische Chef und spätere erste Präsident Israels, sagte:

◇◇

"Jede Nation hat ihre Toten in ihrem Kampf für ihre Heimat. Las Leiden unter Hitler sind unsere Toten." (20)

◇◇

Rabbi Moshe Shonfeld beschuldigt die Rothschild Zionisten mit direkter und indirekter Zusammenarbeit bei den Nazi Schlachtereien des europäischen Judentums. Er macht diesen Vorwurf in seinem Buch *'Holocaust Victims Accuse'* (Holocaust Opfer beschuldigen), welches in 1977 veröffentlicht wurde. Rabbi Shonfeld nennt die Zionisten 'Kriegsverbrecher', weil sie sich der Führung des jüdischen Volkes bemächtigt hatten , es hintergangen haben, um zuzulassen, daß es geschlachtet würde, und dann das moralische Kapital für ihren eigenen Verrat zu ernten. Er stellt fest:

"Die zionistische Einstellung, daß das jüdische Blut das nötige Salböl ist für die Räder des jüdischen Staates, ist kein Ding der Vergangenheit. Sie bleibt bis zum heutigen Tag durchführbar." (19)

In einem berühmten Satz des Georgetown Universitätsprofessors Carol Quigley, der Bill Clintons Mentor war, sagte er:

"Der Plan der Zentralbanker ist nichts anderes als ein Weltsystem zu etablieren ... in der Lage zu sein, das politische System des jeweiligen Landes zu dominieren." (15)

In 1940 besaßen die Zentralbanker und ihre Strohmänner folgende Publikationen: die 'New York Herald Tribune', die "New York Times', PM, die 'Chicago Sun', die 'Cowles Group (Look)', 'Time Life', die 'Washington Post' und die 'Baltimore Sun'.

In seinem Buch '*Crimes and Mercies*' (Verbrechen und Barmherzigkeiten) beschreibt James Bacque wie er den New York Times Reporter Drew Middleton konfrotierte mit Beweisen, daß nach dem Krieg die Vereinigten Staaten über eine Million Kriegsgefangene zum Tode verhungern ließen. Bacques schreibt:

"Was Middleton mir im Grunde sagte, war, Ja, er habe 1945 gelogen, und Nein, es würde ihm oder der New York Times nichts ausmachen, ob ich dies veröffentlichen würde. Middletons Sicherheitsgefühl, seine Überzeugung über die Macht der New York Times, nahm mir den Atem weg ... Aber schlimmer als das war, daß Middleton diese

Gräueltat egal war... die New York Times bezeugte dies, dann bestritt sie es, daß es passiert war. Und fährt fort, es zu leugnen bis in die 1990 Jahre." (23)

◇◇◇

Basques schätzt, daß während der Besetzung der Allierten (1946 – 1950) zusätzlich 8-10 Millionen Deutsche absichtlich dem Hungertod ausgeliefert wurden. Der Krieg endete nicht in 1945. Fünf weitere Jahre erlitt Deutschland 'physisches und psychisches Trauma, welches in der Geschichte ohne Beispiel ist'. Soldaten der Roten Armee vergewaltigten bis zu zwei Millionen deutsche Frauen, davon etwa 100,000 in Berlin während der letzten sechs Monate des Zweiten Weltkriegs. Sie vergewaltigten auch russische Frauen, die aus den deutschen Arbeitslagern freigelassen wurden. (23) Wir leben in einer feministischen Ära. Haben Sie etwa irgendwelche Filme über diese Frauen gesehen? Wie dargestellt in *'Die Rothschilds, Winston Churchill und die Endlösung'* behauptet Clifford Shack daß:

◇◇◇

"Durch Infiltration, Heimlichkeit und List es diesem unsichtbaren Netzwerk gelungen ist, uns alle zu beherrschen. Einundvierzig Jahre nach dem Tod von Sabbatai Zevi in 1717 sollte die Freimauererei etabliert werden durch die Infiltration der Maurergilden in England ...[Zevis Nachfolger] Jacob Frank würde einen großen Einfluß auf den inneren Kern der Freimaurer haben, in 1776 bekannt als die Illuminati. Die Freimaurerei bekam die verborgene Kraft hinter Ereignissen wie die [amerikanischen, fanzösischen und russischen] Revolutionen, die Bildung der United Nations und Israel, die beiden Weltkriege (einschließlich des Holocausts) und die Ermordung der Kennedy Brüder, die zusammen mit ihrem Vate, versuchten die Bemühungen des Netzwerks auf amerikanischem Boden zu durchkreuzen. Die Sabbatean/Frankisten werden auch bezeichnet als der 'Kult des All-Sehenden Auges'. (Schauen Sie sich Ihren Ein-Dollar Geldschein an, um zu diesen Einfluß in IHREM Leben anfangen zu verstehen.) Sie sind politische und religiöse Chamäleone. Sie sind

überall dort, wo sich Macht befindet. Sie sind die Guten UND die Bösen. Die Ära des Zweiten Weltkriegs ist ein gutes Beispiel." (24)

◇◇◇

David Livingston, Autor von *'Terrorismus und die Illuminati: Eine dreitausend Jahre alte Geschichte'*, stellt fest, daß alle okkulten Bewegungen ihren Ursprung in der Kabbalah haben (welche er in das 6. Jahrhundert B.C. Babylon datiert). Er behauptet, daß die meisten Illuminate Blutlinien, einschließlich derjenigen europäischer königlicher Abkunft, ketzerische Juden sind und Krypto-Juden (Juden, die so tun als seien sie von anderen Religionen). In seinem Buch legt Livingston im Detail dar, wie die Kabbalisten sich verschwörten, durch ihre Kontrolle Saudi Arabiens, der Bank von England und dem Britisch/Amerikanischem Imperialismus, das Osmanische Reich auszubrechen und den Mittleren Osten zurückzuhalten. Er erklärt auch ausführlich, wie diese Schattenweltregierung weiterhin eine Vielzahl von Sekten benützt, wie Wahhabismus (1700) und Salafi (1900) und freimaurerische Geheimgesellschaften, wie die Muslimbrüder (1930), um den Islam zu unterteilen, einen fanatischen Fundamentalismus zu schaffen, und Terror zu fördern in Vorbereitung auf das Kommen des 'Krieges der Zivilisationen'. (26)

Bibliographie

1. Scholem, Gershom. The Messianic Idea in Judaism: And Other Essays on Jewish Spirituality. (NY: Schocken, 1971)

2. Livingstone, David. The Holiness of Sin: Freud, the Frankfurt School and the Kabbalah. (9-19-2013)

3. Schindeldecker, John. Turkish Alevis Today. (Istanbul: Sakhulu Sultan Kulliyesi Vakfi: 1998)

4. Moosa, Matti. Extremist Shiites. (Syracuse University Press: 1988)

5. Reb Yakov Leib HaKohain, Director of Donmeh West

6. Juri, Lina, Under the Sign of the Scorpion: The Rise and Fall of the Soviet Empire (2002)

7. Baigent, Leigh and Lincoln. Holy Blood, Holy Grail: The Secret History of Christ & The Shocking Legacy of the Grail. (Dell Trade Paperbacks: 2004)

8. Chamish, Barry. Shabtai Tzvi, Labor Zionism and the Holocaust. (Modiin House: 2005)

9. Springmeier, Fritz. The Illuminati Formula to Create an Undetectable Total Mind Control. (CreateSpace: 2008)

10. Rabow, Jerry. The Untold Life Stories of 50 Jewish Messiahs. (Gefen: 2002)

11. Antelman, Rabbi Marvin. To Eliminate the Opiate (Volume 2) (The Zionist Book Club: 2002)

12. Miller, Edith Starr. Occult Theocrasy. Abbeville. (1933)

13. Makow, PHD, Henry. Illuminati: The Cult That Hijacked the World (Silas green: 2008)

14. Dilling, Elizabeth. The Jewish Religion: Its Influence Today. (1964)

15. Quigley, Carroll. Tragedy and Hope: A History of the World in Our Time. (GSG and Associates: 1966)

16. Makow, PhD, Henry. The Root Problem: Illuminati Or Jews? (2006)

17. Pike, Albert. Morals and Dogma. (1871)

18. Blavatsky, H.P. The Secret Doctrine. (1888)

19. Chamish, Barry. The Deutsch Devils. (2003)

20. Chamish, Barry. Is This God's Israel? (2010)

21. Herzl, Theodor. The Complete Diaries of Theodor Herzl. edited by Raphael Patai, Harry Zohn, (Herzla Press: 1960)

22. Morris, Benny. Righteous Victims. p. 21 (2001)

23. Bacque, James. Crimes and Mercies. (Vintage: 1997)

24. Shack, Clifford. The Rothschilds, Winston Churchill and the Final Solution. (2007)

25. Bjerknes, Christopher Jon. The Jewish Genocide of Armenian Christians. (2007, Enlarged Second Edition)

26. Livingstone, David. Terrorism and the Illuminati: A Three-Thousand-Year History. (2011)

27. Scholem,Gershom. The Messianic Idea in Judaism and Other Essays on Jewish Spirituality. New York: Schocken (1971)

28. Scholem, Gershom. On the Kabbalah and Its Symbolism. Translated: Ralph Manheim. New York: Schocken (1965)

29. Mullins, Eustace. The Secrets of the Federal Reserve. (1983)

30. Mullins, Eustace. New World Order: Our Secret Rulers. (1992)

31. Lazar, Bernard. L'Anti-semitisme. (1894)

32. Pike, Albert. Morals and Dogma, Third Degree, p. 104-105

33. Sutton, Anthony. America's Secret Establishment: An Introduction to the Order of Skull & Bones, P.6

34. Burns, Dr. Cath. Masonic and Occult Symbols Illustrated.

35. Gardiner, Philip. Skull and Crossbones The Untold Tale of the Templar Shining Ones. (2007)

36. Antelman, Rabbi Marvin S. To Eliminate the Opiate (Volume 1). (Zahavia: 1974)

37. Waterfield, Robin. Why Socrates Died: Dispelling the Myths. (W.W. Norton & Company: 2009)

38. Forces Occultes ("Occult Forces") Director: Jean Mamy, (March 10, 1943)

39. Gardiner, Philip. Skull and Bones: Untold tale of the Templar Shining ones, (2007)

40. Unterman, Alan. An Anthology of Jewish Mysticism, (2009)

41. Verdera, Nito. The connection between Ibiza and Christopher Columbus's enigma. (2000)

42. Loring Knowles, Christopher. Another History of the Knights Templar, (2011)

43. Taylor, A.J.P. Sarajevo to Potsdam. (Harcourt Brace Jovanovich: 1975)

44. Freedman, Benjamin. A Jewish Defector Warns America: Benjamin Freedman Speaks. (1961)

45. Schacht, Dr. Hjalmar. The Magic of Money. (Horace Greeley: 1967)

46. Schlottman, Konst. "Die sogenannte Inschrift von Parahyba"(ZDMG xxviii, (1874) pp. 481-487)

47. Grunberger, R. The Twelve-Year Reich. (Da Capo Press: 1976)

Bilder

Figure 1 - Sabbatai Zevi in 1665. Illustration from Brockhaus and Efron Jewish Encyclopedia (1906⬛1913)

Figure 2 - "Sabbatai Zevi enthroned", from Tikkun, Amsterdam, 1666.

Figure 3 - Jewish Kabbalist Holding a Sephiroth, Scan of an Illustration from "Portae Lucis"

Figure 4 - Helena Petrovna Blavatsky, 1889, London

Figure 5 – Right: Jacob Frank's skull, it was extracted from his grave in Offenbach when the old cemetery was razed in 1866, and is owned by Emil Pirazzi. The image is from Alexander Kraushar's book, Frank i frankiści polscy, 1726-1816 Vol. 2, as is the image to the left of Jacob Frank.

Figure 6 - Ewa (Awacza) Frank (1754-1816). Historical Monograph, Krakow 1895

Figure 7 - Adam Weishaupt (1748-1830)

Figure 8 - Scan of Albert Pike. Library of Congress, Washington, D.C.

Figure 9 – Skull & Bones sketch. Atlantean Gardens, Inc.

Figure 10 - Phoenician ship Carved on the face of a sarcophagus. 2nd century AD.

Figure 11 - A coin of Constantine (c.337) showing a depiction of his labarum spearing a serpent.

Figure 12 - modified scan of Faust's vision by Luis Ricardo Falero (1851–1896)

Figure 13 - Balfour Declaration as published in The Times 9 November 1917

Figure 14 - This is a poster for Forces Occultes. Written by Jean Mar-
quès-Rivière. Produced by Robert Muzard. Directed by Jean
Mamy. Distributed by Nova films. France. Release date: 10
March 1943.

Figure 15 - constructed from a 1938 newspaper clipping

Figure 16 - Altar of Burnt Offering. artist: anon

Figure 17 - Theodor Herzl. 1897

www.ingramcontent.com/pod-product-compliance
Lightning Source LLC
Chambersburg PA
CBHW071746090426
42738CB00011B/2578